Impressum
Verlag: BABADADA GmbH, Nedderfeld 112 , 22529 Hamburg
Geschäftsführer / Verlagsleitung: Harald Hof
Druck: Books on Demand GmbH, In de Tarpen 42, 22848 Norderstedt

Imprint
Publisher: BABADADA GmbH, Nedderfeld 112 , 22529 Hamburg, Germany
Managing Director / Publishing direction: Harald Hof
Print: Books on Demand GmbH, In de Tarpen 42, 22848 Norderstedt

σχολείο
škola

σχολική τάξη
siklyovimasko than

διαιρώ
ulavibe vordon

186/2

πίνακας
tabla

σχολική αυλή
školaki avlin

δάσκαλος
sikavno

χαρτί
lil

γράφω
hramovibe

στυλό
kalemi tintasa

γραφείο
masa butyake

χάρακας
lenyiri

βιβλίο
lil

μαθητής
siklo

σχολική τσάντα
dumeski tašna

κασετίνα/ μολυβοθήκη
kalemengi kutia

μολύβι
kalemi

ξύστρα
kalemengi čhurori

γόμα
kosimaski guma

μπλοκ ζωγραφικής
čitrimasko bloko

ζωγραφική

čitribe

πινέλο

boyimaski frča

κουτί χρωμάτων

boyimaski kutia

ψαλίδι

kata

κόλλα

lepako

τετράδιο ασκήσεων

bukjardarimasko lil

εργασία για το σπίτι

khereski buti

αριθμός

gendo

προσθέτω

džide

αφαιρώ

ikal

πολλαπλασιάζω

multiplicirin

υπολογίζω

kalkulirin

γράμμα

hramome lil

αλφάβητο

alfabeta

hello

λέξη

lafo

κείμενο

teksti

διαβάζω

drabaribe

κιμωλία

kreda

μάθημα

lekciya

εγγράφομαι

Klasesko registro

τεστ

egzameni

πιστοποιητικό

sertifikato

μαθητική στολή

školaki uniforma

εκπαίδευση

edukacia

εγκυκλοπαίδεια

enciklopedia

πανεπιστήμιο

univerziteto

μικροσκόπιο

mikroskopo

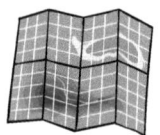

χάρτης

mapa

καλάθι αχρήστων

korpa čhudimaske lila

ταξίδι
dromaripe

ξενοδοχείο
hoteli
Grand
ξενώνας
Lačhi blevel!
ROOMS
CHANGE
ανταλλακτήρια συναλλάγματος
biro baši devize
βαλίτσα
koferi
αυτοκίνητο
vordon

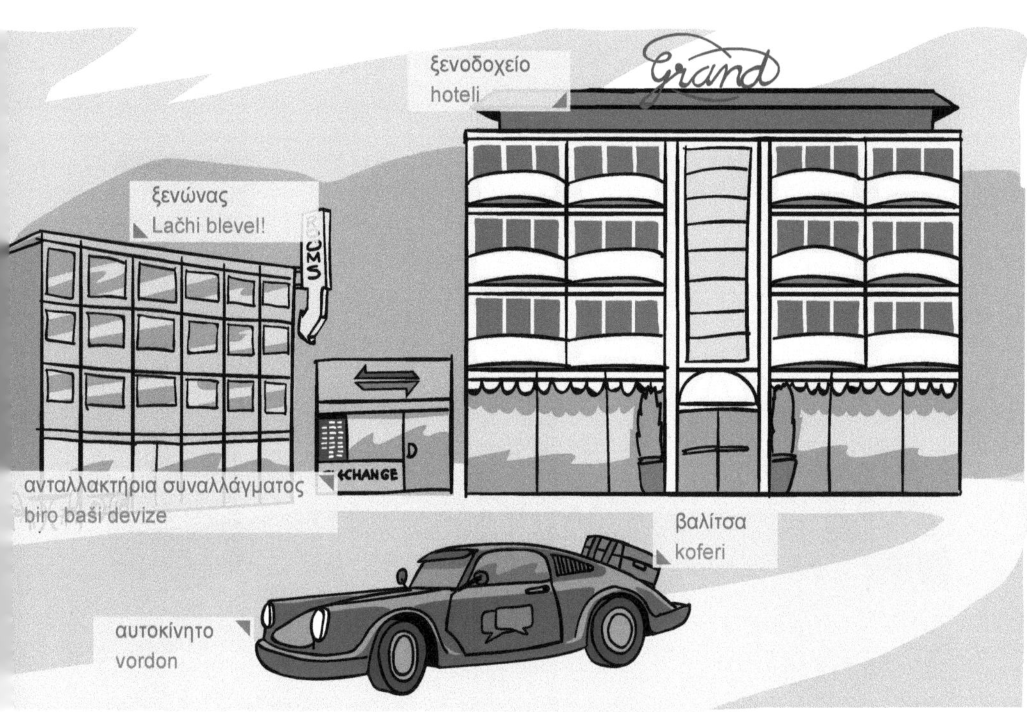

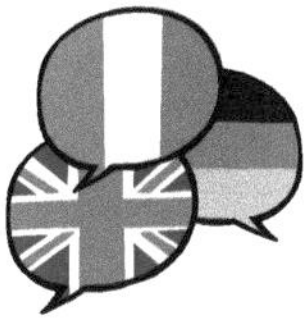

γλώσσα

ćhib

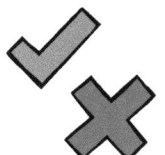

ναι / όχι

va / na

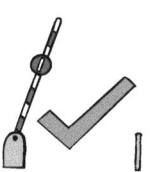

εντάξει

Okay

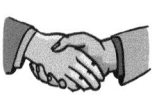

γεια σου

Namaste

μεταφραστής

tumači

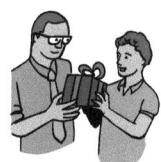

Ευχαριστώ

Ov sasto

πόσο κάνει ;

Kozom si...?

Δε καταλαβαίνω

Na havava

πρόβλημα

problemo

Καλησπέρα!

Lači rat!

Καλημέρα!

Lači javin!

Καληνύχτα!

Lači rat!

Αντίο

ačhon Devlesa

κατεύθυνση

dromeski sikavin

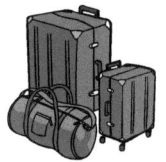

αποσκευές

bagaži

τσάντα

gono

σακίδιο πλάτης

dumesko gono

καλεσμένος

misafiri

δωμάτιο

kamara

υπνόσακος

sovimasko gono

σκηνή

cerha

ταξίδι - dromaripe

	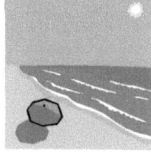	
τουριστικές πληροφορίες	παραλία	πιστωτική κάρτα
turistikani informacia	plaža	kreditno kartica

πρωινό	μεσημεριανό	δείπνο
javinako habe	kušluko	ratyako habe

εισιτήριο	ανελκυστήρας	γραμματόσημο
karta	elevatori	marka

σύνορα	τελωνείο	πρεσβεία
simantra	adetia	ambasada

βίζα	διαβατήριο	
viza	pašaporti	

μεταφορά
transporti

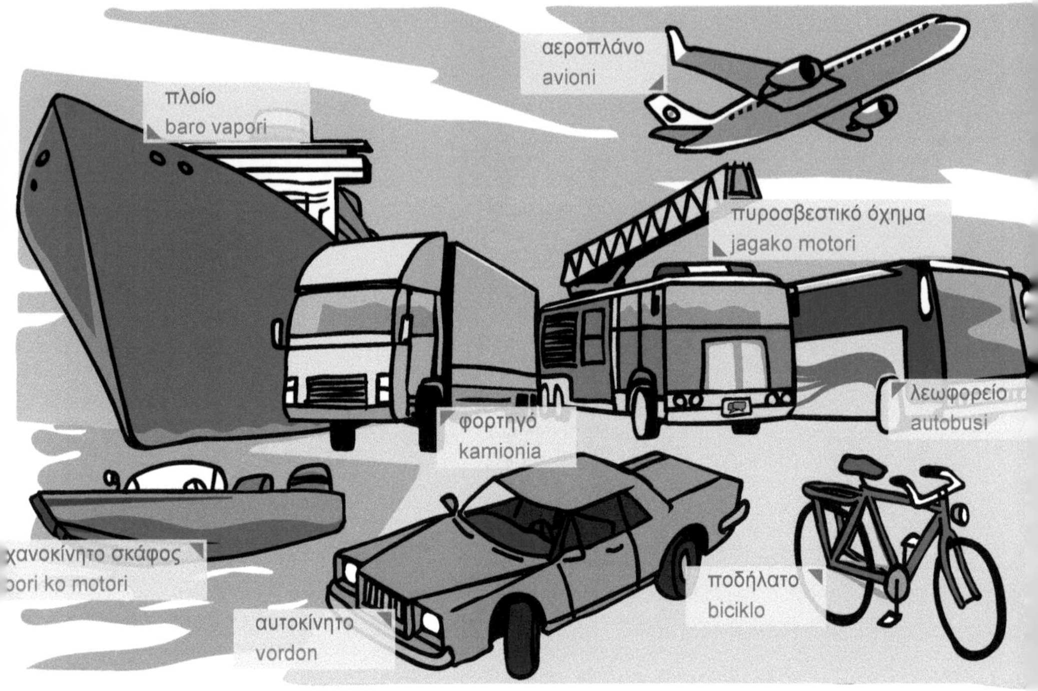

αεροπλάνο
avioni
πλοίο
baro vapori
πυροσβεστικό όχημα
jagako motori
λεωφορείο
autobusi
φορτηγό
kamionia
χανοκίνητο σκάφος
ori ko motori
ποδήλατο
biciklo
αυτοκίνητο
vordon

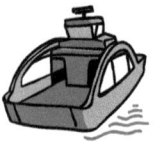

φεριμπότ

feri vapori

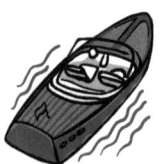

βάρκα

vapori

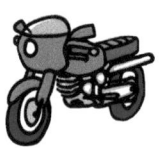

μοτοσικλέτα

motorciklo

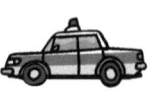

περιπολικό

policiako vordon

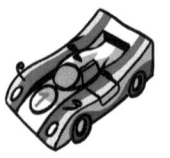

αγωνιστικό αυτοκίνητο

prastamasko vordon

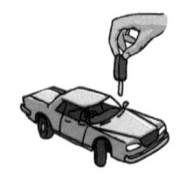

ενοικιαζόμενο αυτοκίνητο

rentakar

διαμοιρασμός αυτοκινήτων

ulavibe vordon

γερανός

rumosardo kamioni

απορριμματοφόρο

kamionengo than

κινητήρας

motori

καύσιμο

petroli

βενζινάδικο

petrolesko stasioni

πινακίδα σήμανσης

trafikoskere išaretia

κυκλοφορία

trafiko

κυκλοφοριακή συμφόρηση

baro trafiko

χώρος στάθμευσης

vordonesko parkirimasko than

σιδηροδρομικός σταθμός

pampurengo stasioni

σιδηροδρομικές γραμμές

kamionia

τρένο

pampuri

τραμ

tramvaj

βαγόνι

vagoni

ελικόπτερο

helikopteri

αεροδρόμιο

aeroporti

πύργος

kula

επιβάτης

dromarutno

εμπορευματοκιβώτιο

kontejneri

χαρτοκιβώτιο

kartoni

καρότσι

vordonoro

καλάθι

sevli

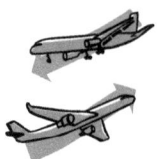

απογειώνομαι /
προσγειόνομαι

urjalipasko starto /
urjalipasko agor

πόλη
diz

χωριό

gav

κέντρο της πόλης

dizyako centro

σπίτι

kher

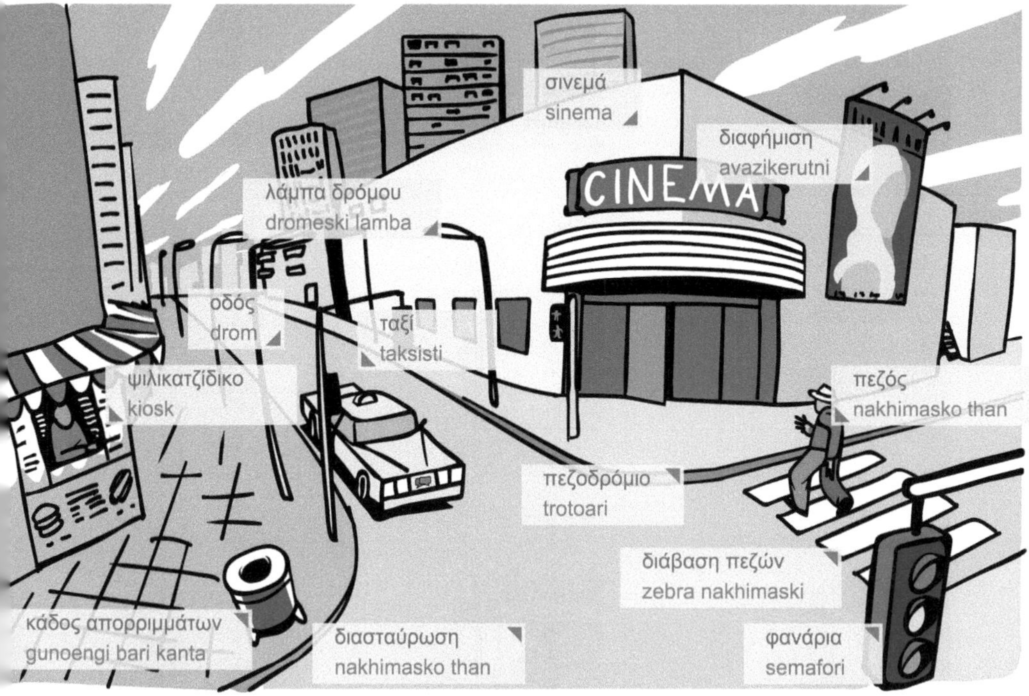

σινεμά
sinema
διαφήμιση
avazikerutni
CINEMA
λάμπα δρόμου
dromeski lamba
οδός
drom
ταξί
taksisti
ψιλικατζίδικο
kiosk
πεζός
nakhimasko than
πεζοδρόμιο
trotoari
διάβαση πεζών
zebra nakhimaski
κάδος απορριμμάτων
gunoengi bari kanta
διασταύρωση
nakhimasko than
φανάρια
semafori

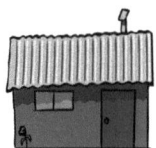

καλύβα

koliba

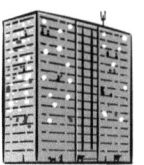

διαμέρισμα

apartmani

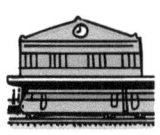

σιδηροδρομικός σταθμός

pampurengo stasioni

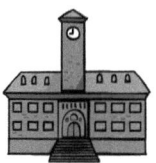

δημαρχείο

dizyaki sala

MUSEUM

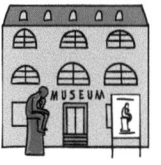

μουσείο

muzeji

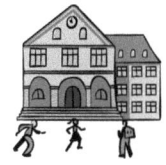

σχολείο

škola

πανεπιστήμιο

univerziteto

τράπεζα

banka

νοσοκομείο

hospitalo

ξενοδοχείο

hoteli

φαρμακείο

apoteka

γραφείο

ofiso

βιβλιοπωλείο

lil bikinimasko than

κατάστημα

dukyano

ανθοπωλείο

lulugengo bikinutno

σούπερ μάρκετ

supermarket

αγορά

kurko

πολυκατάστημα

baro bikinimasko kher

ιχθυοπωλείο

mačhengo astarutno

εμπορικό κέντρο

kinimasko centro

λιμάνι

vaporengo ačhovimasko
than

πάρκο

parko

παγκάκι

klupa

γέφυρα

purt

σκάλες

merdevenya

μετρό

metro stasioni

τούνελ

tuneli

στάση λεωφορείου

autobuseski adžikerin

μπαρ

bar

εστιατόριο

restorani

γραμματοκιβώτιο

poštako mohto

πινακίδα δρόμου

dromesko išareti

παρκόμετρο

parking than

ζωολογικός κήπος

zoo

πισίνα

nangyovimasko bazeni

τζαμί

džamiya

αγρόκτημα
farma

ρύπανση
melalipe

νεκροταφείο
limorengo than

εκκλησία
khangeri

παιδική χαρά
khelimasko than

ναός
hramo

τοπίο
pejzaži

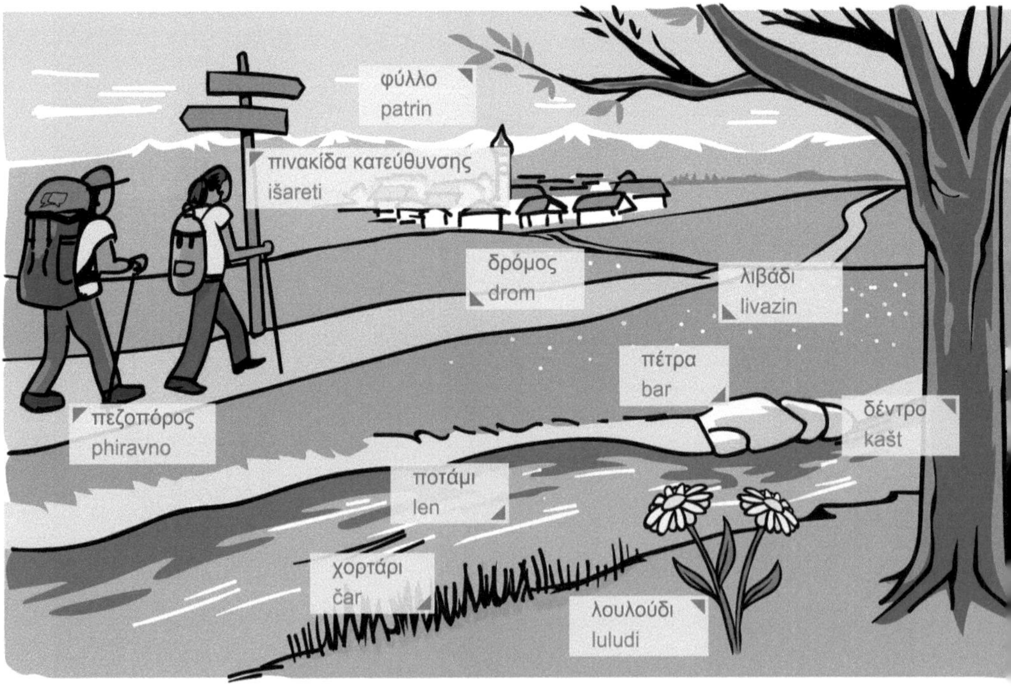

φύλλο
patrin

πινακίδα κατεύθυνσης
išareti

δρόμος
drom

λιβάδι
livazin

πέτρα
bar

δέντρο
kašt

πεζοπόρος
phiravno

ποτάμι
len

χορτάρι
čar

λουλούδι
luludi

κοιλάδα

harno than

λόφος

bairi

λίμνη

devrijal

δάσος

veš

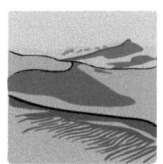

έρημος

mulano than

ηφαίστειο

vulkano

κάστρο

saraji

ουράνιο τόξο

renkali badalin

μανιτάρι

gaba

φοίνικας

palma kašt

κουνούπι

sivrija

μύγα

mak

μυρμήγκι

karandža

μέλισσα

birumni

αράχνη

pauko

σκαθάρι

buba

βάτραχος

žamba

σκίουρος

ververica

σκαντζόχοιρος

kanzauri

λαγός

šošoj

κουκουβάγια

buf

πουλί

pakšin

κύκνος

lebedi

αγριογούρουνο

bali

ελάφι

eleno

άλκη

eleno

φράγμα

pani garavin

ανεμογεννήτρια

bavlalaki turbina

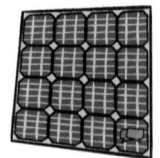

ηλιακός συλλέκτης

solarno paneli

κλίμα

klima

σερβιτόρος
kelneri

κατάλογος
menije

καρέκλα
sandaliya

σούπα
čorba

πίτσα
pica

τραπεζομάντιλο
poftaneski salfetka

μαχαιροπίρουνα
habasko alati

ορεκτικό

avgo habe

κύριο πιάτο

šerutno habe

επιδόρπιο

gudlimata

ποτά

piiba

φαγητό

habe

μπουκάλι

šiša

φαστ φουντ

fast food

φαγητό στ' όρθιο

sokakongo habe

τσαγιέρα

čajniko

δοχείο ζάχαρης

šekereskoro čaroro

μερίδα

porcia

μηχανή εσπρέσο

makina vaš espresso

ψηλή καρέκλα

uči sandaliya

λογαριασμός

esapi

δίσκος

apladiya

μαχαίρι

čhuri

πιρούνι

vilyuška

κουτάλι

roj

κουταλάκι του τσαγιού

čajeski roj

πετσέτα φαγητού

salfetka

ποτήρι

tahtai

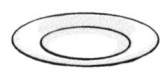		
πιάτο čaro	πιάτο σούπας čaro čorbake	πιατάκι φλιτζανιού hor čaro
	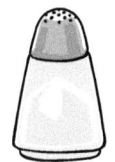	
σάλτσα sosi	αλατιέρα londesko čaroro	μύλος για πιπέρι kale biberesko pišlo
	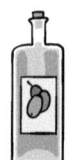	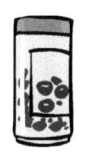
ξύδι šut	λάδι zejtini	μπαχαρικά začinia

κέτσαπ kečap	μουστάρδα senf	μαγιονέζα majonezi

σούπερ μάρκετ

supermarket

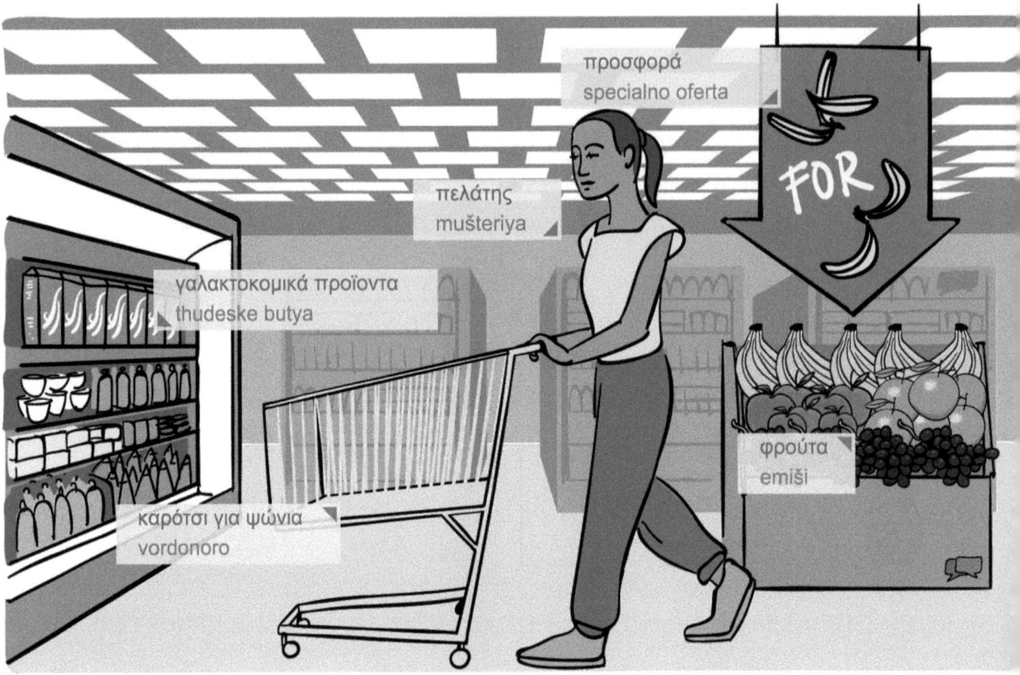

προσφορά
specialno oferta
πελάτης
mušteriya
γαλακτοκομικά προϊόντα
thudeske butya
καρότσι για ψώνια
vordonoro
φρούτα
emiši
FOR

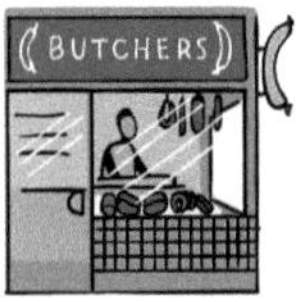

BUTCHERS

κρεοπωλείο

kasapi

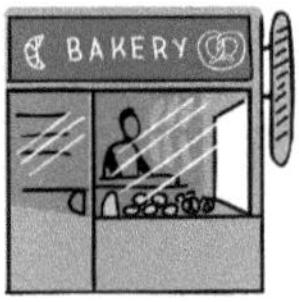

BAKERY

φούρνος

furuna

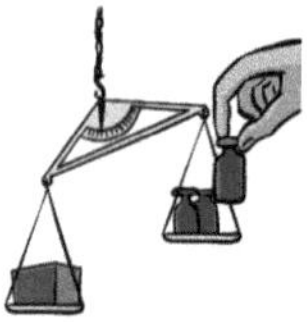

ζυγίζω

ladavipe

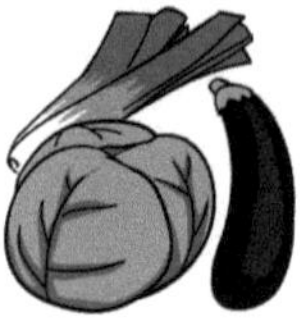

λαχανικά

zarzavati

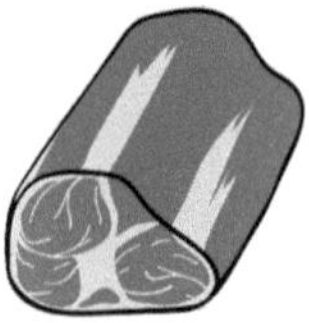

κρέας

masesko rolati

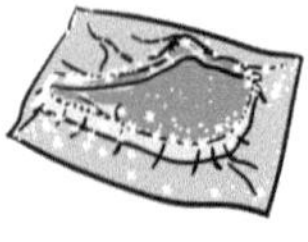

κατεψυγμένα τρόφιμα

pahome habe

αλλαντικά
šudro mas

κονσερβοποιημένη τροφή
konzerva

απορρυπαντικό ρούχων
thovimasko prašako

γλυκά
gudlimata

οικιακά είδη
khereske butya

καθαριστικά προϊόντα
užarimaske butya

πωλήτρια
bikinutno

ταμείο
kasapi

ταμίας
kasieri

λίστα για ψώνια
kinimaski patrin

ωράριο λειτουργίας
putarimaske satura

πορτοφόλι
lovengi tašna

πιστωτική κάρτα
kreditno kartica

τσάντα
gono

πλαστική σακούλα
plastikano gono

νερό

pani

χυμός

džus

γάλα

thud

κόκα κόλα

kola

κρασί

mol

μπίρα

bira

αλκοόλ

alkohol

κακάο

kakao

τσάι

čaj

καφές

kafa

εσπρέσο

espresso

καπουτσίνο

cappuccino

μπανάνα

banana

μήλο

phabaj

πορτοκάλι

portokali

πεπόνι

kavuni

λεμόνι

limoni

καρότο

karota

σκόρδο

sir

μπαμπού

bambusi

κρεμμύδι

purum

μανιτάρι

gaba

ξηροί καρποί

akhora

νουντλς

humereske butya

μακαρόνια

špageti

ρύζι

rezo

σαλάτα

salata

πατατάκια

čipsi

τηγανητές πατάτες

peke kompiria

πίτσα

pica

χάμπουργκερ

hamburger

σάντουιτς

sendviči

κοτολέτα

kotleti

ζαμπόν

žamboni

σαλάμι

salama

λουκάνικο

goja

κοτόπουλο

khajnako mas

ψητό

peko

ψάρι

mačho

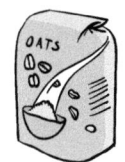

χυλός βρώμης
popara

μούσλι
musli

κορν φλέικς
kornfleks

αλεύρι
varo

κρουασάν
kroasani

ψωμάκι
masesko rolati

ψωμί
maro

τοστ
tosti

μπισκότα
biskotia

βούτυρο
puteri

τυρόπηγμα
urda

κέικ
torta

αυγό
jaro

τηγανητό αυγό
peke jare

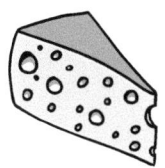

τυρί
kiral

παγωτό

šudro gudlo

ζάχαρη

šekeri

μέλι

avgin

μαρμελάδα

džem

άλλειμμα σοκολάτας

čokoladaki krema

κάρυ

kari

φαγητό - habe

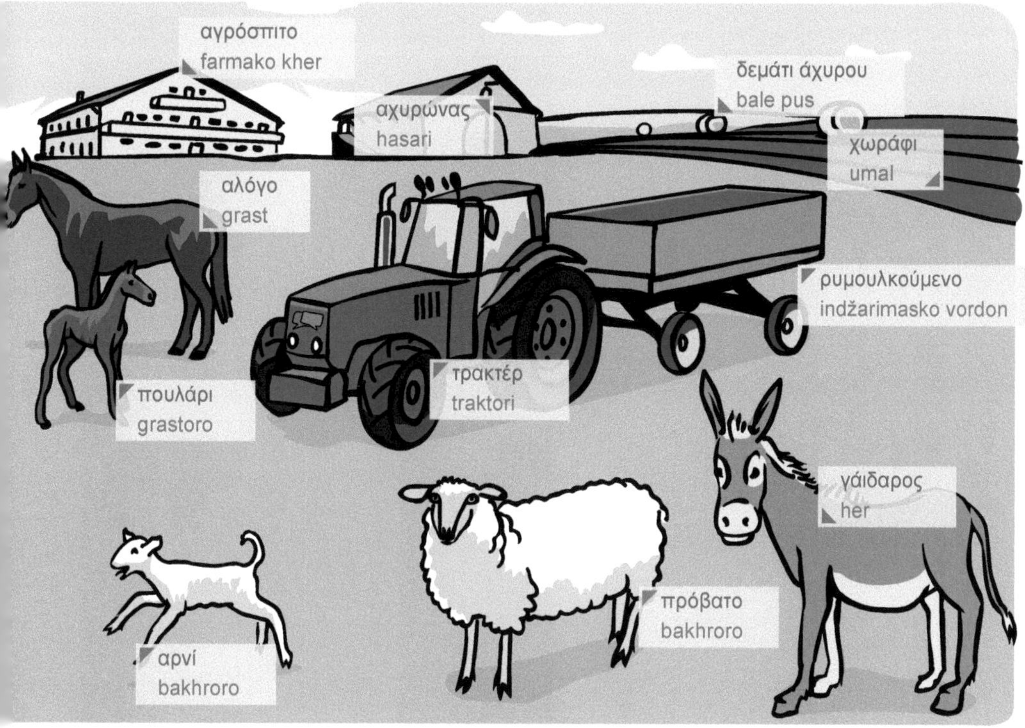

αγρόσπιτο
farmako kher

αχυρώνας
hasari

δεμάτι άχυρου
bale pus

χωράφι
umal

αλόγο
grast

ρυμουλκούμενο
indżarimasko vordon

πουλάρι
grastoro

τρακτέρ
traktori

γάιδαρος
her

αρνί
bakhroro

πρόβατο
bakhroro

κατσίκα
buzno

αγελάδα
guruvni

μοσχαράκι
guruvoro

γουρούνι
balo

γουρουνάκι
baloro

ταύρος
guruv

χήνα

papin

πάπια

payka

κοτοπουλάκι

pilička

κότα

khayni

κόκορας

bašno

αρουραίος

baro germuso

γάτα

bilika

ποντίκι

germuso

βόδι

guruv

σκύλος

džukel

σπιτάκι σκύλου

džukelesko kher

λάστιχο κήπου

žardina

ποτιστήρι

panyarimaski kanta

θεριστήρι

aindžako kidimasko alati

αλέτρι

plugo

δρεπάνι
srpo

τσάπα
motika

δίκρανο
aindžaki vilyuška

τσεκούρι
tover

χειράμαξα
vordonoro phiravutno

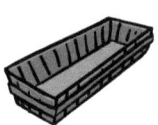

ταΐστρα
balani

δοχείο γάλακτος
thudeski šiša

σάκος
harari

φράχτης
trujalutni

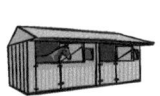

στάβλος
jahri

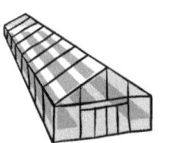

θερμοκήπιο
haryalo kher

έδαφος
phuv

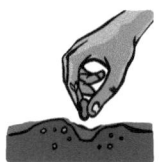

σπόρος
seme

λίπασμα
gyubre

θεριζοαλωνιστική μηχανή
aindžako kidipe

θερίζω

kidibe aindž

συγκομιδή

harmani

γιαμς

phuvaki phabaj

σιτάρι

giv

σόγια

soja

πατάτα

kompiri

καλαμπόκι

mumuruzi

κράμβη

šarlagani

οπωροφόρο δέντρο

emišengo kašt

μανιόκα

Kasava

δημητριακά

giveskere javinlukoja

σπίτι
kher

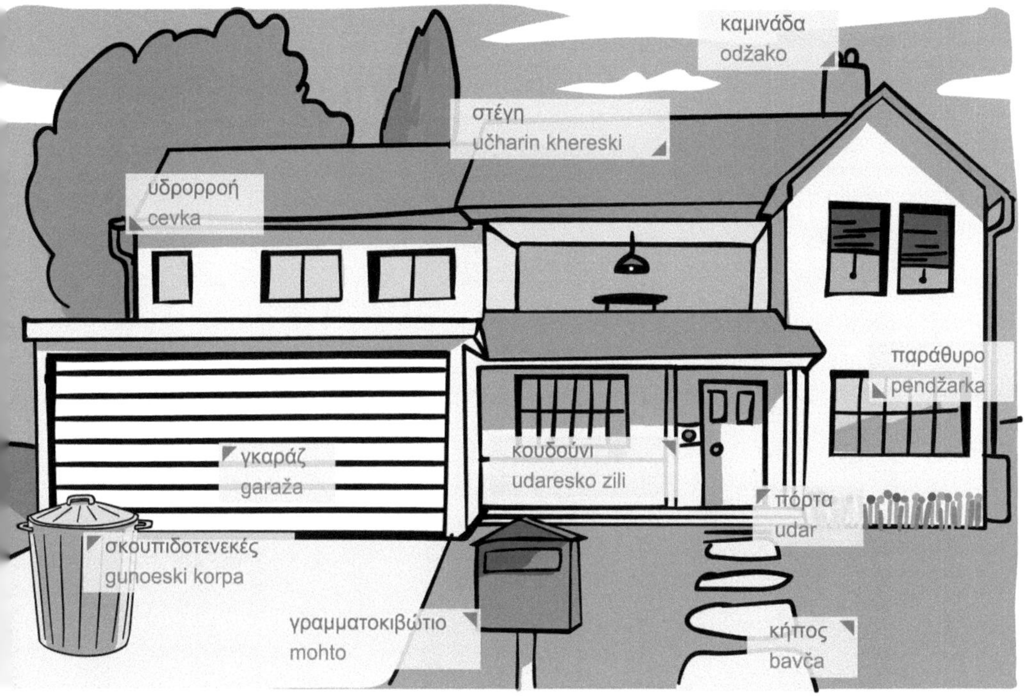
καμινάδα
odžako
στέγη
učharin khereski
υδρορροή
cevka
παράθυρο
pendžarka
γκαράζ
garaža
κουδούνι
udaresko zili
πόρτα
udar
σκουπιδοτενεκές
gunoeski korpa
γραμματοκιβώτιο
mohto
κήπος
bavča

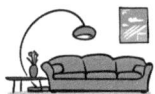

σαλόνι

bešimaski kamara

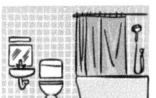

μπάνιο

banya

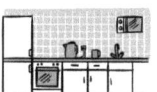

κουζίνα

kujna

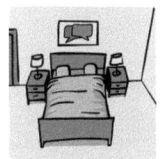

υπνοδωμάτιο

sovimasko than

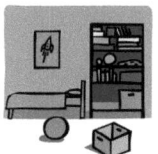

παιδικό δωμάτιο

čhavengi kamara

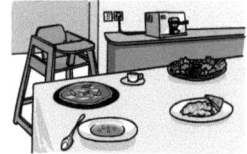

τραπεζαρία

than hajbaske rakjako habe

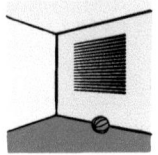

πάτωμα
kati

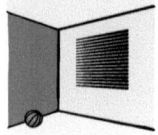

τοίχος
duvari

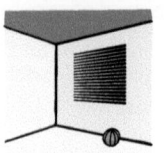

οροφή
tavano

κελάρι
špajzi

σάουνα
sauna

μπαλκόνι
terasa

βεράντα
terasa

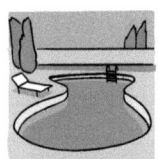

πισίνα
bazeni

μηχανή του γκαζόν
čar harnyarimaski makina

σεντόνι
patrin

κάλυμμα κρεβατιού
čaršafia

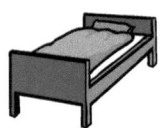

κρεβάτι
kreveto

σκούπα
šulavni

κουβάς
korpa

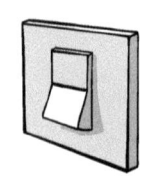

διακόπτης
elektrikani phabarin

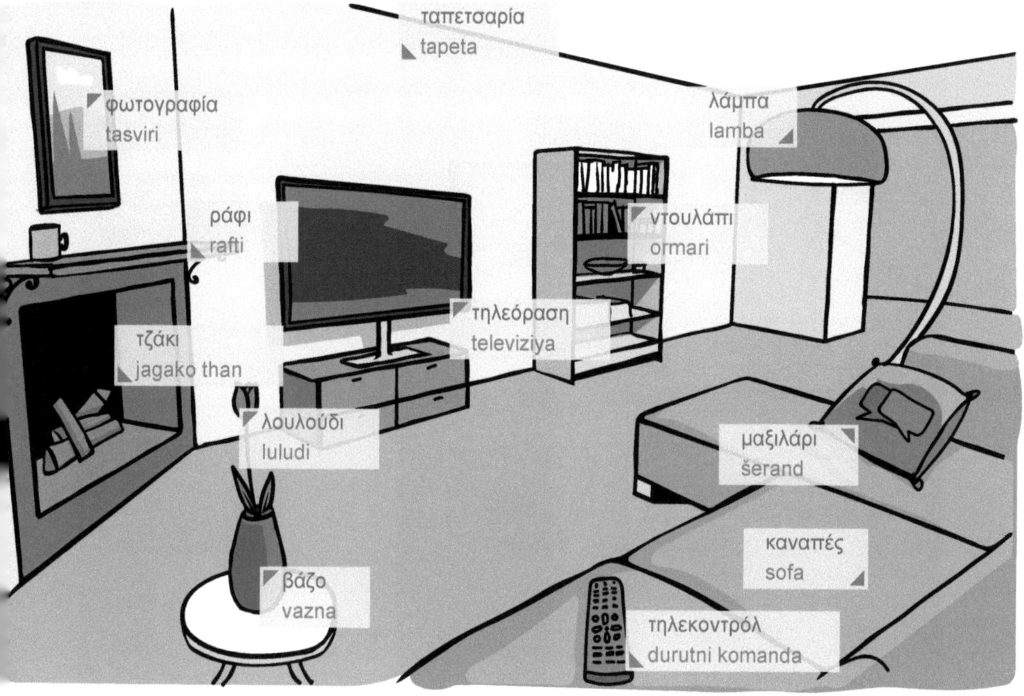

ταπετσαρία
tapeta

φωτογραφία
tasviri

λάμπα
lamba

ράφι
rafti

ντουλάπι
ormari

τζάκι
jagako than

τηλεόραση
televiziya

λουλούδι
luludi

μαξιλάρι
šerand

καναπές
sofa

βάζο
vazna

τηλεκοντρόλ
durutni komanda

χαλί
kilimi

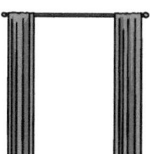

κουρτίνα
perde

τραπέζι
masa

καρέκλα
sandaliya

κουνιστή πολυθρόνα
kunajka sandaliya

πολυθρόνα
fotelya

βιβλίο

lil

κουβέρτα

kebe

διακόσμηση

dekoraciya

καυσόξυλα

kašta phabarimaske

ταινία

filmi

στερεοφωνικό σύστημα

stereo ašunimaske butya

κλειδί

nahtari

εφημερίδα

gazeta

πίνακας ζωγραφικής

frčaja bojakeribe

αφίσα

posteri

ραδιόφωνο

radio

σημειωματάριο

hramovimasko bloko

ηλεκτρική σκούπα

elektrikani šulavni

κάκτος

kaktusi

κερί

momoli

κουζίνα
kujna

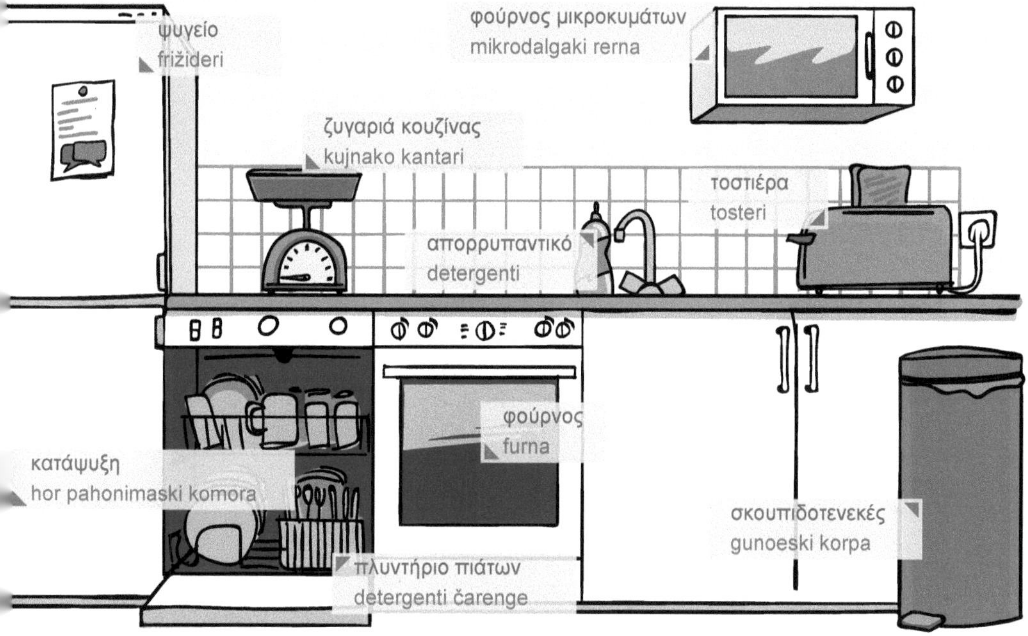

ψυγείο
frižideri
φούρνος μικροκυμάτων
mikrodalgaki rerna
ζυγαριά κουζίνας
kujnako kantari
τοστιέρα
tosteri
απορρυπαντικό
detergenti
φούρνος
furna
κατάψυξη
hor pahonimaski komora
σκουπιδοτενεκές
gunoeski korpa
πλυντήριο πιάτων
detergenti čarenge

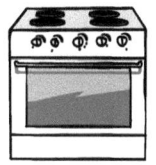

κουζίνα

keravimasko than

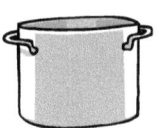

κατσαρόλα

čaro

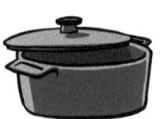

μαντεμένια κατσαρόλα

sastrnali tendžera

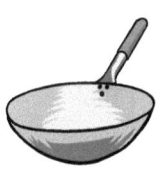

γουόκ/καντάι

vok cihani

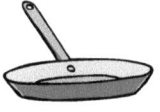

τηγάνι

tava

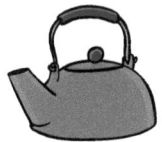

βραστήρας

elektrikano bokali

ατμομάγειρας

tendžera ki para

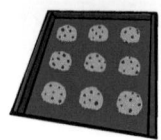

ταψί

tepsija

πιατικά

čare

κούπα

bareder fildžano

μπολ

čaro

ξυλάκια

kinakere habaskere kaštore

κουτάλα

fioka

σπάτουλα

špatula

ανακατεύω

vastesko mikseri

σουρωτήρι

cedimasko čaro

σουρωτηράκι

porizen

τρίφτης

rende

γουδί

avano

ψησταριά

skara

ανοιχτή φωτιά

puteribe jag

36

κουζίνα - kujna

σανίδα κοπής

čhinimaski tabla

πλάστης

oklagia

ανοιχτήρι φελλών

puterimasko alati

κονσέρβα

konzerva

ανοιχτήρι κονσέρβας

konzervako puterutno

γάντι φούρνου

čaresko ikerutno

νεροχύτης

lavabo

βούρτσα

frča

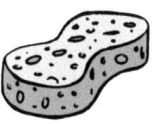

σφουγγάρι

sungeri

μπλέντερ

mikseri

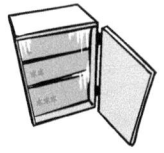

καταψύκτης

hor pahonimasko frižideri

μπιμπερό

bebeski šiša

βρύση

češma

μπάνιο

banya

θέρμανση
tataripe
ντους
tuširibe
πετσέτα
peškiri
κουρτίνα ντους
tuširimaski perda
αφρόλουτρο
nanyovibe sapuneske balonencar
μπανιέρα
kada nanyovimaske
ποτήρι
tahtai
πλυντήριο ρούχων
makina thovimaske šeja
βρύση
češma
πλακάκια
pločke
γιογιό
turako
νεροχύτης
lavabo

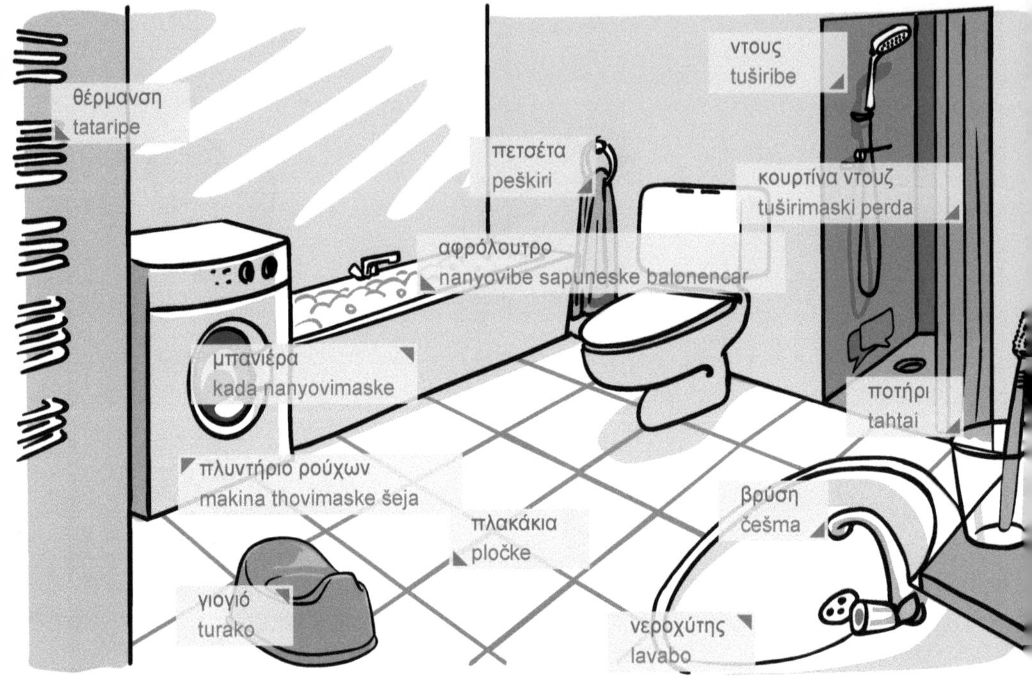

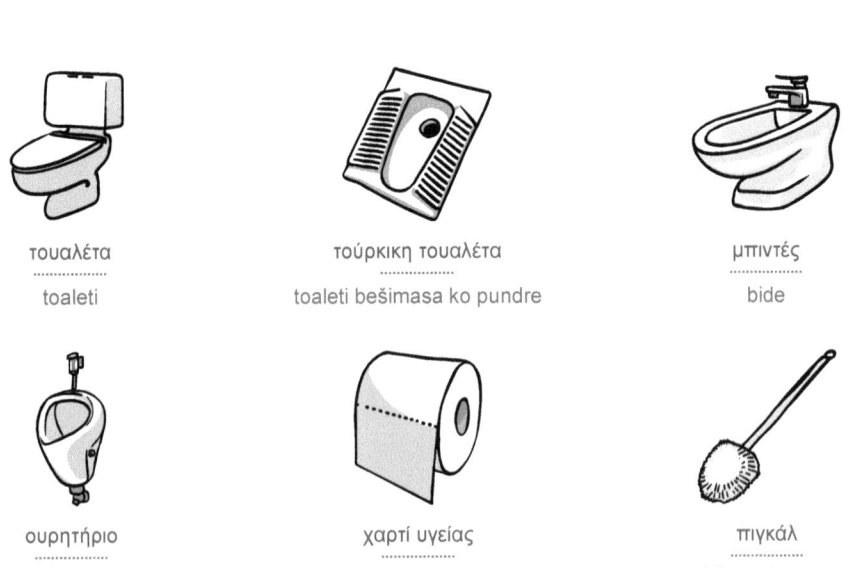

τουαλέτα

toaleti

τούρκικη τουαλέτα

toaleti bešimasa ko pundre

μπιντές

bide

ουρητήριο

pisoari

χαρτί υγείας

toaletesko lil

πιγκάλ

frča toaleteske

οδοντόβουρτσα

danda thovimaski frča

οδοντόκρεμα

danda thovimaski krema

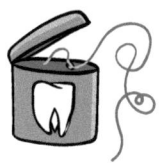

οδοντικό νήμα

dandesko thav

πλένω

thovibe danda

τηλέφωνο ντους

vasteskoro tuši

ντουσιέρα

tuši

λεκάνη

lavabo

βούρτσα πλάτης

dumeski frča

σαπούνι

sapuni

αφρόλουτρο

tuširimasko geli

σαμπουάν

šamponi

φανέλα

flanela

σιφόνι

kada ćidimaske pani

κρέμα

krema

αποσμητικό

dezodoransi

καθρέφτης

ajna

καθρέφτης χειρός

vasteski ajna

ξυραφάκι

žileti moravimaske

αφρός ξυρίσματος

moravimaski pena

αφτερσέιβ

palal muravimaski krema

χτένα

kanglik

βούρτσα

frča

σεσουάρ

feni balenge

λακ

sprej balenge

μακιγιάζ

šminka

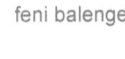

κραγιόν

karmini

βερνίκι νυχιών

oja najenge

βαμβάκι

pamuko pošom

ψαλίδι νυχιών

kata najenge

άρωμα

parfemi

νεσεσέρ

gono thovimaske

σκαμπό

sandaliya

ζυγαριά

tereziya

μπουρνούζι

bademantili

ελαστικά γάντια

gumena kalcunya

ταμπόν

tamponi

πετσέτα υγιεινής

toaletno lil

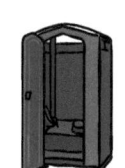

χημική τουαλέτα

hemikano toaleti

παιδικό δωμάτιο

čhavengi kamara

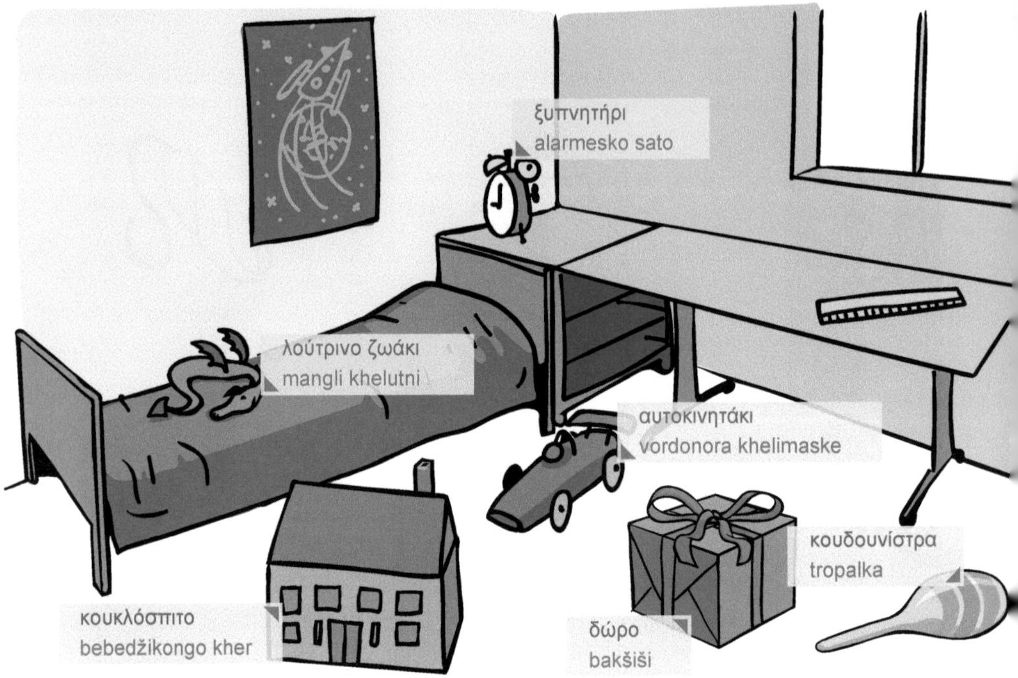
ξυπνητήρι
alarmesko sato
λούτρινο ζωάκι
mangli khelutni
αυτοκινητάκι
vordonora khelimaske
κουδουνίστρα
tropalka
κουκλόσπιτο
bebedžikongo kher
δώρο
bakšiši

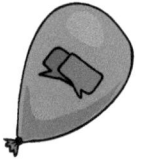

μπαλόνι

baloni

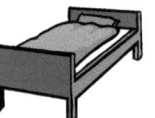

κρεβάτι

kreveto

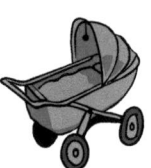

καροτσάκι

bebengo vordon

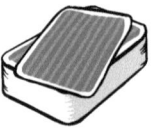

τράπουλα

špili karte

παζλ

ker-rumin khelin

SUPER
MEGA

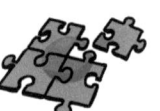

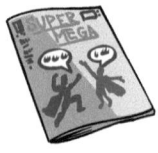

κόμικς

komikano lil

τουβλάκια lego

lego kocke

τουβλάκια κατασκευών

kocke khelimaske

φιγούρα δράσης

akciaki figura

βρεφικό φορμάκι

bodi bebeske

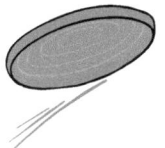

φρίσμπι

frizbi

μόμπιλο

mobile

επιτραπέζιο παιχνίδι

masa khelimaske

ζάρια

zari

σετ τρενάκι

pampuri khelimaske

πιπίλα

cucla

πάρτι

bahlana

εικονογραφημένο βιβλίο

tasvirengo lil

μπάλα

topka

κούκλα

bebedžiko

παίζω

khelibe

σκάμμα με άμμο

pošikako than

κούνια

kuna

παιχνίδια

khelimaske butya

κονσόλα βιντεοπαιχνιδιών

konzola video khelimaske

τρίκυκλο

triciklo

αρκουδάκι

poftaneski ričini

ντουλάπα

garderoba

ρούχα
šeja

κάλτσες

kalcunya

καλτσοδέτες

khuvde kalcunya

καλσόν

hulahopke

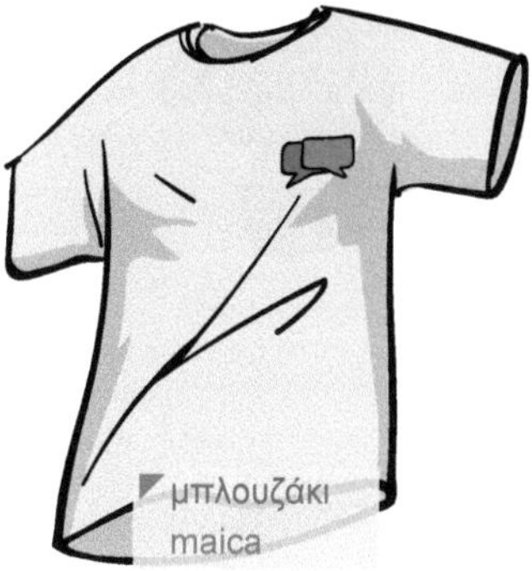

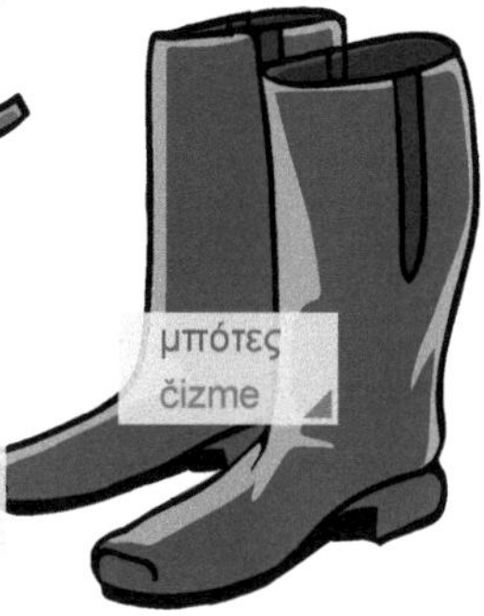

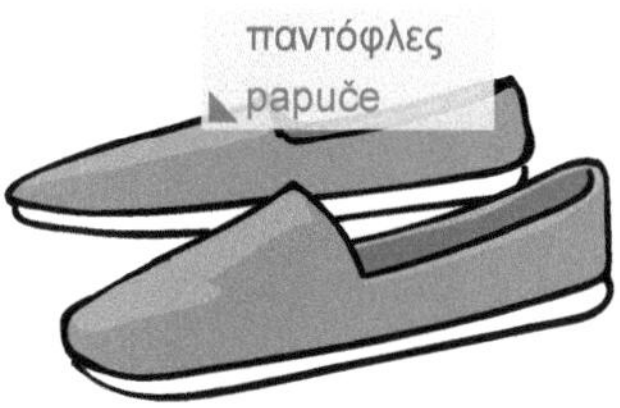

κασκόλ
momija

ζώνη
kaiši

ομπρέλα
čadori

μπλουζάκι
maica

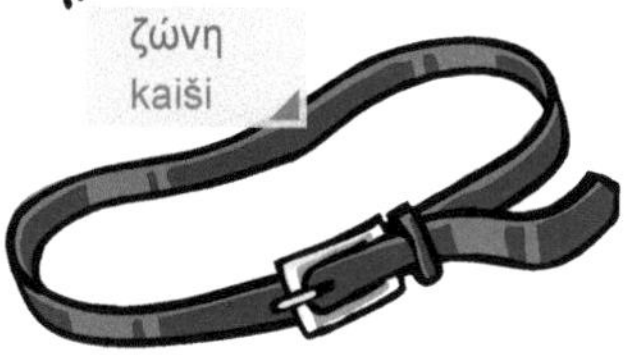

μπότες
čizme

παντόφλες
papuče

αθλητικά παπούτσια
trenerke

σανδάλια
sandale

παπούτσια
menije

γαλότσες
gumena čizme

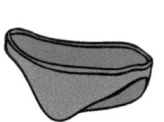

εσώρουχο
sostenya

σουτιέν
eleko

φανέλα
jeleko

σώμα

bodi

παντελόνι

pantalonya

τζιν παντελόνι

farmerke

φούστα

suknya

μπλούζα

bluza

πουκάμισο

gat

πουλόβερ

puloveri

πουλόβερ

dukseri

σακάκι

harno kaputi

μπουφάν

džeketi

παλτό

kaputi

αδιάβροχο πανωφόρι

biršimdesko mantili

κοστούμι

kostimi

φόρεμα

fustano

νυφικό

prandinako fustano

κοστούμι
kostumi

νυχτικό
rakjako fustano

πιτζάμες
pižame

σάρι
sari

μαντήλι
momija šereske

τουρμπάνι
turbani

μπούρκα
burka

καφτάνι
kaftani

μουσουλμανικό ένδυμα
abaya

ολόσωμο μαγιό
nangyovimaske šeja

ανδρικό μαγιό
buxle pantolonya

σορτς
harne pantolonya

αθλητική φόρμα
sporteske trenerke

ποδιά
kecelya

γάντια
vasteske kalcunya

κουμπί

kopča

γυαλιά

gjuzlukya

βραχιόλι

belegziya

περιδέραιο

mirikle

δαχτυλίδι

angrustik

σκουλαρίκι

čeni

καπέλο

stadik

κρεμάστρα

kaputeski čiviya

καπέλο

stadik

γραβάτα

kravata

φερμουάρ

patenti

κράνος

kaciga

τιράντες

dandenge proteze

μαθητική στολή

školaki uniforma

στολή

uniforma

σαλιάρα

ligarka

πιπίλα

cucla

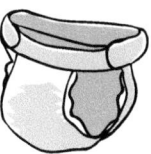

πάνα

pherno

γραφείο
ofiso

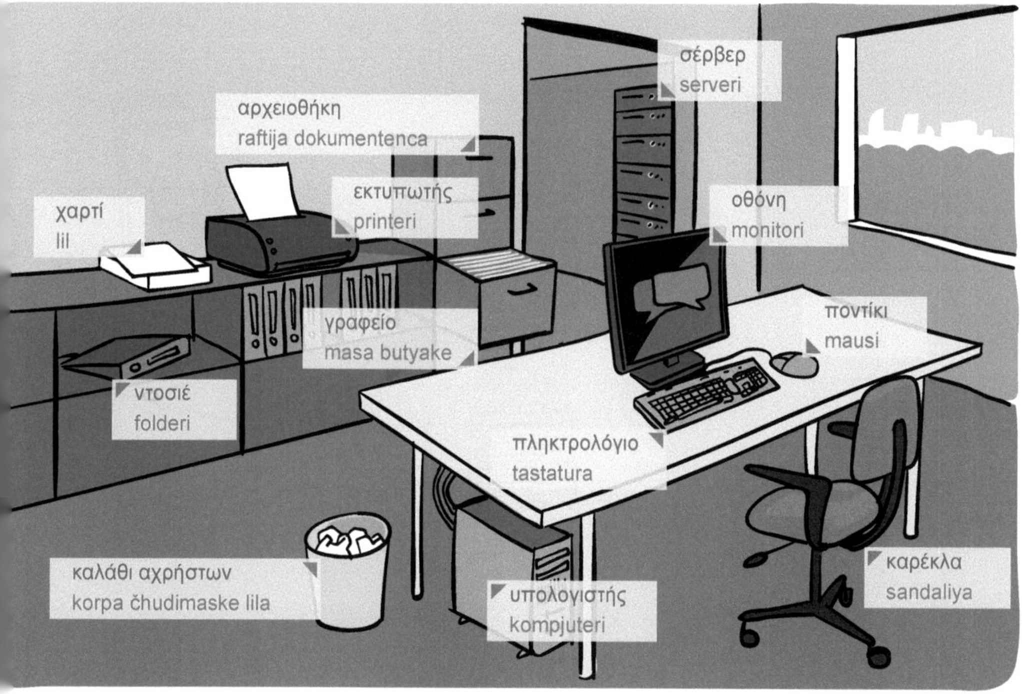

σέρβερ
serveri

αρχειοθήκη
raftija dokumentenca

χαρτί
lil

εκτυπωτής
printeri

οθόνη
monitori

γραφείο
masa butyake

ποντίκι
mausi

ντοσιέ
folderi

πληκτρολόγιο
tastatura

καλάθι αχρήστων
korpa chudimaske lila

υπολογιστής
kompjuteri

καρέκλα
sandaliya

κούπα του καφέ

fildžano kafake

κομπιουτεράκι

kalkulatori

ίντερνετ

internet

λάπτοπ

laptop

γράμμα

lil

μήνυμα

mesaži

κινητό

mobilno telefono

δίκτυο

netvorko

φωτοτυπικό μηχάνημα

kopirimaski makina

λογισμικό

softveri

τηλέφωνο

telefono

πρίζα

štekeri

συσκευή φαξ

faks makina

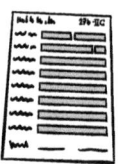

έντυπο

formulari

έγγραφο

dokumento

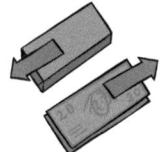

αγοράζω
kinibe

πληρώνω
pokinibe

συναλλάσσομαι
kino-bikinibe

χρήματα
love

 USD

δολάριο
dolari

 EUR

ευρώ
euro

 JPY

γιεν
jeni

 RUB

ρούβλι
rublya

 CHF

ελβετικό φράγκο
švajcariako franko

 CNY

ρενμίνμπι γιουάν
renminbi juan

 INR

ρουπία
rupija

ATM (αυτόματη ταμειακή μηχανή)
lovengo automati

ανταλλακτήρια συναλλάγματος

biro baši devize

χρυσός

somnakaj

ασήμι

rup

πετρέλαιο

petroli

ενέργεια

energia

τιμή

fiyati

συμβόλαιο

kontrakto

φόρος

taksa

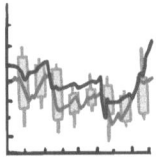

μετοχή

berzaki akcija

δουλεύω

butikeribe

υπάλληλος

butyarno

εργοδότης

butyako dendutno

εργοστάσιο

fabrika

κατάστημα

dukyano

οικονομία - ekonomia

επαγγέλματα

profesie

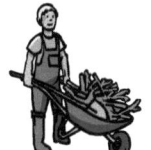

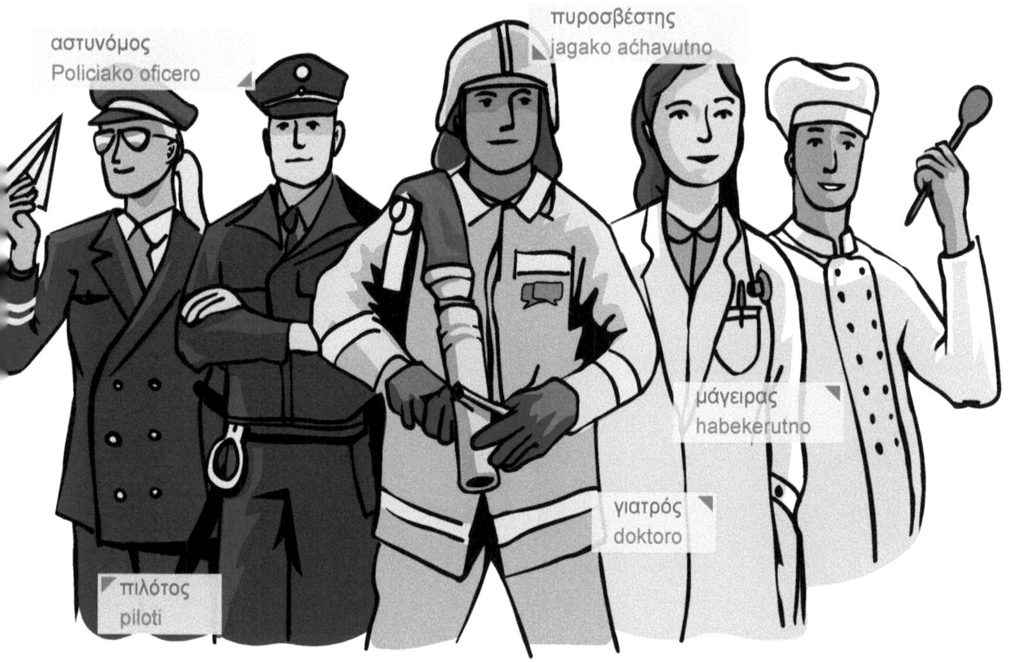
αστυνόμος
Policiako oficero
πυροσβέστης
jagako aćhavutno
μάγειρας
habekerutno
γιατρός
doktoro
πιλότος
piloti

κηπουρός

bavčako butyarno

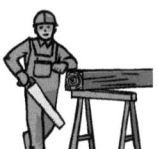

ξυλουργός

tišleri

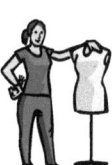

μοδίστρα

šnajderka

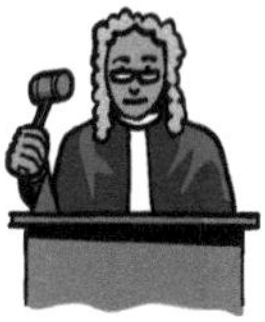

δικαστής

krisuno

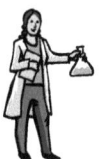

χημικός

hemičari

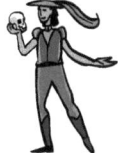

ηθοποιός

akteri

οδηγός λεωφορείου

autobusesko šoferi

ταξιτζής

taksisti

ψαράς

mačhengo astarutno

καθαρίστρια

užarutni

τεχνίτης στεγών

učharinengo kerutno

σερβιτόρος

kelneri

κυνηγός

avdžija

ζωγράφος

tasvirkerutno

αρτοποιός

furnadžia

ηλεκτρολόγος

elektrikako phirno

οικοδόμος

tamirutno

μηχανολόγος

inžinjeri

κρεοπώλης

kasapi

υδραυλικός

panjesko butyarno

ταχυδρόμος

poštari

στρατιώτης
askeri

αρχιτέκτονας
arhitekto

ταμίας
kasieri

ανθοπώλης
luludyari

κομμωτής
frizeri

ελεγκτής εισιτηρίων
kondukteri

μηχανικός
mekanisti

καπετάνιος
kapetani

οδοντίατρος
dandengo saslyarno

επιστήμονας
vigjanalo manuš

ραβίνος
rabini

ιμάμης
imami

μοναχός
rašaj

ιερέας
rašaj

εργαλεία

alatia

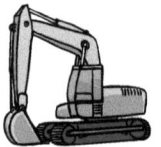

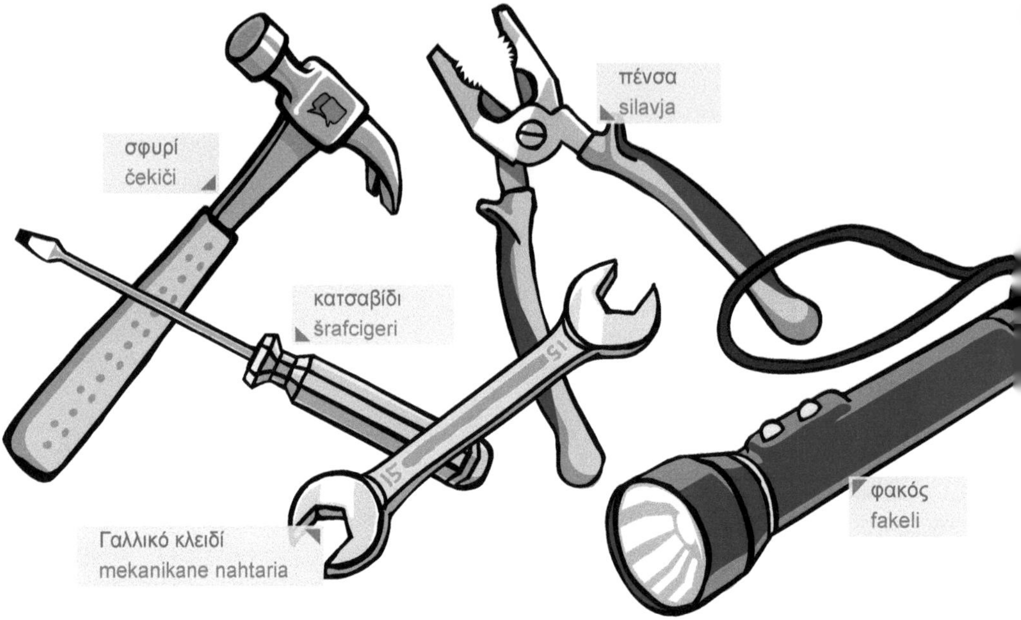

σφυρί
čekiči
πένσα
silavja
κατσαβίδι
šrafcigeri
Γαλλικό κλειδί
mekanikane nahtaria
φακός
fakeli

εκσκαφέας

hrandimasko alati

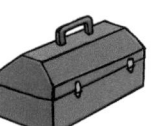

εργαλειοθήκη

alateski kutia

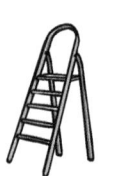

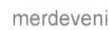

σκάλα

merdeveni

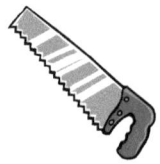

πριόνι

pila

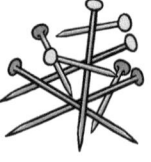

καρφιά

karfa

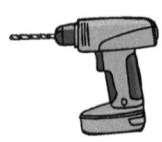

τρυπάνι

posavin

επισκευάζω

lačharkeribe

φτυάρι

lopata

Να πάρει!

Naleti!

φαράσι

vatrali

δοχείο χρωμάτων

lonco bojimaske

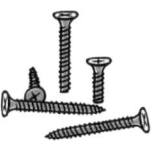

βίδες

šrafja

μουσικά όργανα
muzikane instrumentia

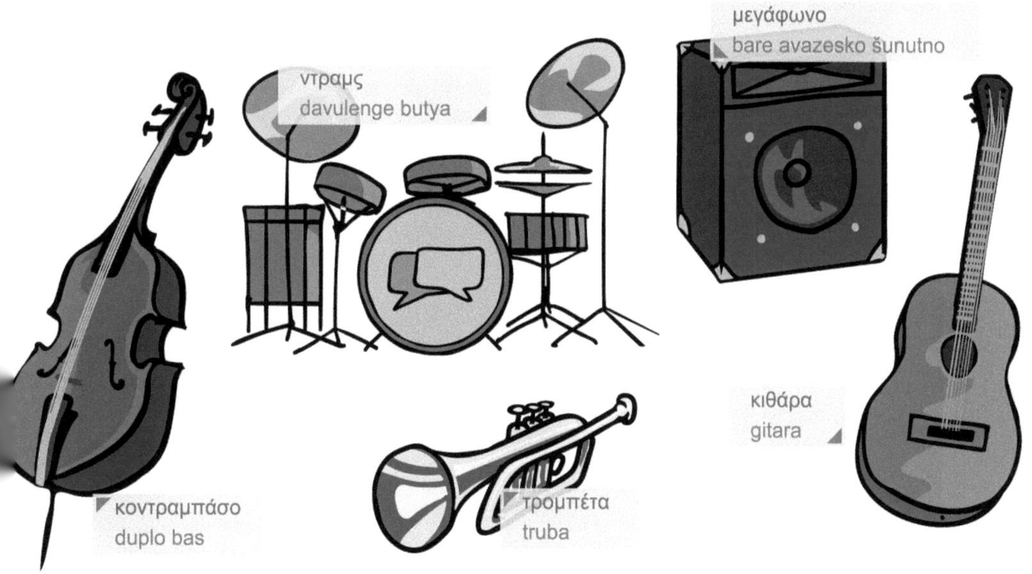

ντραμς
davulenge butya

μεγάφωνο
bare avazesko šunutno

κοντραμπάσο
duplo bas

τρομπέτα
truba

κιθάρα
gitara

πιάνο

piano

βιολί

kemana

μπάσο

bas

τύμπανα

timpani

τύμπανο

davulia

πλήκτρα

sintisajzeri

σαξόφωνο

saksafoni

φλάουτο

flejta

μικρόφωνο

mikrofoni

ζωολογικός κήπος - zoo

είσοδος
khuvin

τίγρης
tigari

κλουβί
kafezi

ζέβρα
zebra nakhimaski

ζωοτροφή
hajvanengo parvaripe

πάντα
panda

ζώα

hajvania

ελέφαντας

elefanti

καγκουρό

kenguri

ρινόκερος

rino

γορίλας

gorila

αρκούδα

ričini

καμήλα

kamila

στρουθοκάμηλος

ostriga

λιοντάρι

aslani

πίθηκος

majmuni

φλαμίνγκο

flamingo

παπαγάλος

papagali

πολική αρκούδα

polarno ričini

πιγκουίνος

pingvini

καρχαρίας

ajkula

παγώνι

pauno

φίδι

sap

κροκόδειλος

krokodilo

φύλακας ζωολογικού κήπου

zoo arakhutno

φώκια

foka

τζάγκουαρ

jaguari

πόνυ

poni

λεοπάρδαλη

leopardi

ιπποπόταμος

hipo

καμηλοπάρδαλη

žirafa

αετός

zorale kandžengi paškin

αγριογούρουνο

bali

ψάρι

mačho

χελώνα

želka

θαλάσσιος ίππος

morži

αλεπού

lumri

γαζέλα

gazela

Αμερικάνικο ποδόσφαιρο
Amerikako fudbali

ποδηλασία
biciklizmo

αντισφαίριση
tenis

μπάσκετ
basketboli

κολύμβηση
nangjovibe

πυγχαμία
boksi

χόκεϋ επί πάγου
hokej ko paho

ποδόσφαιρο
fudbali

μπάντμιντον
badmington

στίβος
atletika

χάντμπολ
vasteskoboli

σκι
skiibe

πόλο
polo

δραστηριότητες
aktivitetia

γελάω
asaibe
πηδάω
hutibe
αγκαλιάζω
deibe angali
περπατάω
phiribe
τραγουδάω
giljavibe
ονειρεύομαι
dikhibe suno
προσεύχομαι
azirikeribe
φιλάω
čumibe

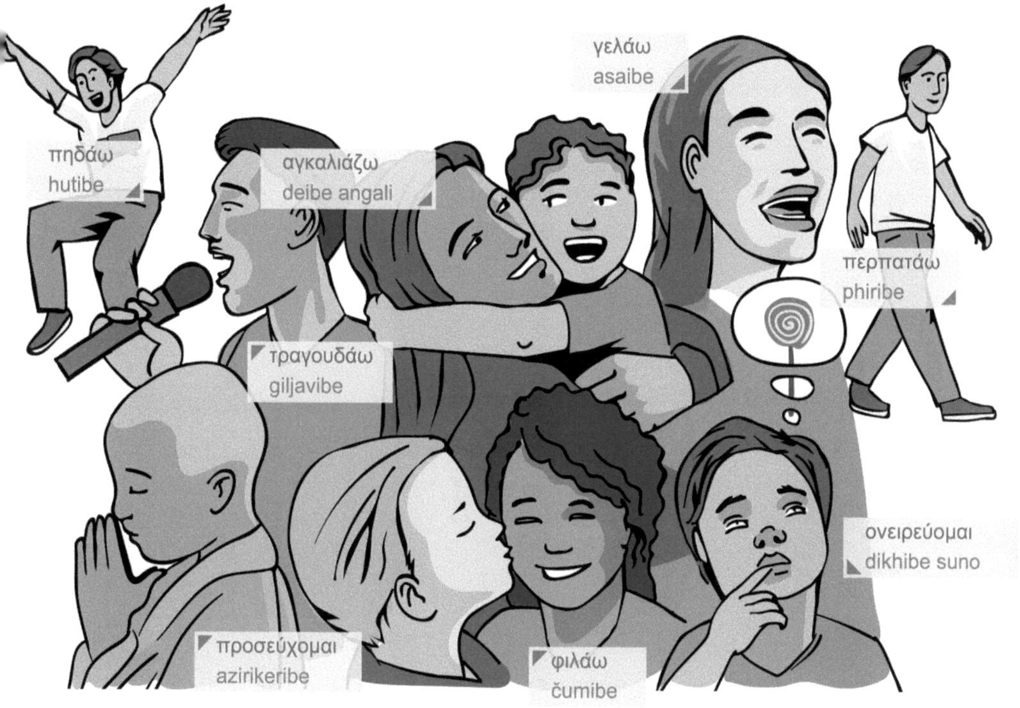

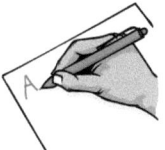

γράφω

hramovibe

σχεδιάζω

čitribe

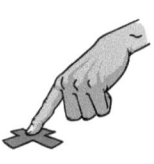

δείχνω

sikavibe

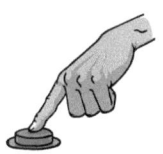

πιέζω

cidljaribe

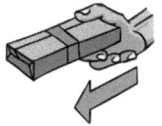

δίνω

deibe

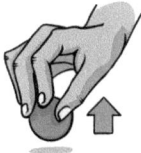

παίρνω

leibe

έχω
isibe

κάνω
keribe

είμαι
te ovel

στέκομαι
tergyovibe

τρέχω
prastaibe

τραβάω
cidibe

ρίχνω
čhudibe

πέφτω
peribe

ξαπλώνω
hovavibe

περιμένω
adžikeribe

κουβαλώ
phiravibe

κάθομαι
bešibe

φοράω
urjavibe

κοιμάμαι
sovibe

ξυπνάω
džangavibe

κοιτάω
dikhibe ko

κλαίω
rovibe

χαϊδεύω
čalavibe

χτενίζω
uhlavibr

μιλάω
vakeribe

καταλαβαίνω
haljovibe

ρωτάω
puč

ακούω
šunibe

πίνω
piibe

τρώω
habe

συγυρίζω
užaribe

αγαπάω
kamibe

μαγειρεύω
keribe habe

οδηγώ
paldibe vordon

πετάω
urjalibe

κάνω ιστιοπλοΐα

vaporea džaibe

υπολογίζω

kalkulirin

διαβάζω

drabaribe

μαθαίνω

sikljovibe

δουλεύω

butikeribe

παντρεύομαι

prandibe

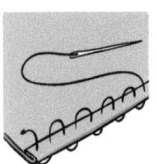

ράβω

suvibe

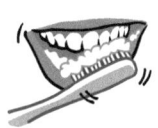

βουρτσίζω τα δόντια

thovibe danda

σκοτώνω

mudaribe

καπνίζω

piibe dahani

στέλνω

bičhalibe

οικογένεια
familiya

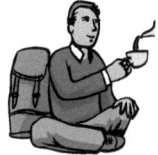

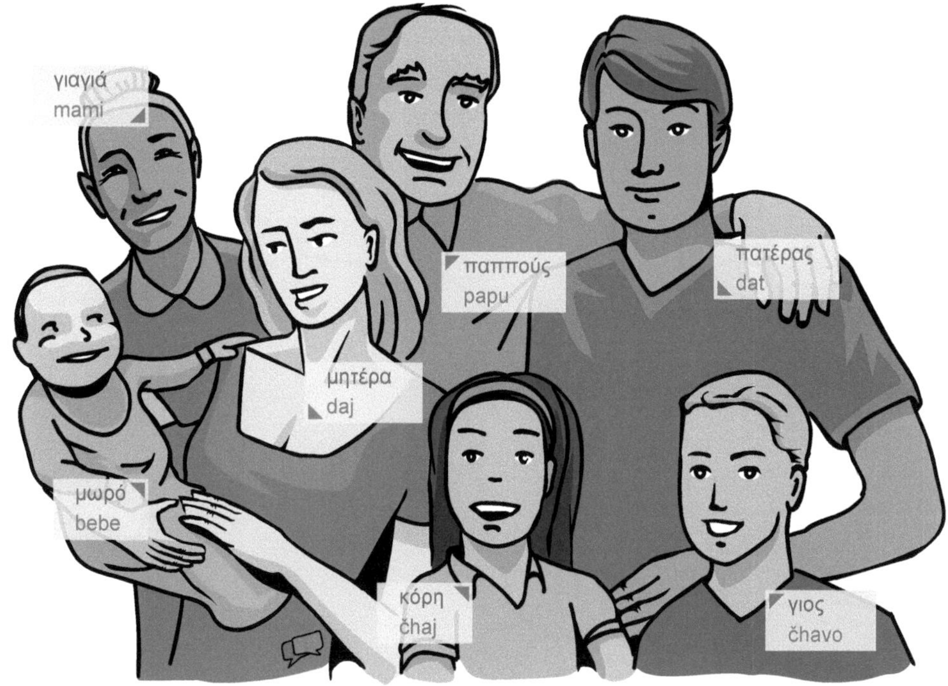
γιαγιά
mami
παππούς
papu
πατέρας
dat
μητέρα
daj
μωρό
bebe
κόρη
čhaj
γιος
čhavo

καλεσμένος
misafiri

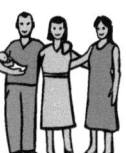

θεία
bibi

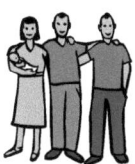

θείος
kako

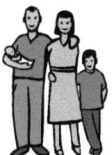

αδελφός
phral

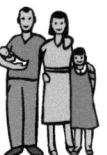

αδελφή
phen

σώμα
trupo

μέτωπο
čekat
μάτι
jakh
ώμος
piko
δάχτυλο
naj
πρόσωπο
muj
πιγούνι
vilica
χέρι
vast
πόδι
pundro
στήθος
čuči
βραχίονας
musik

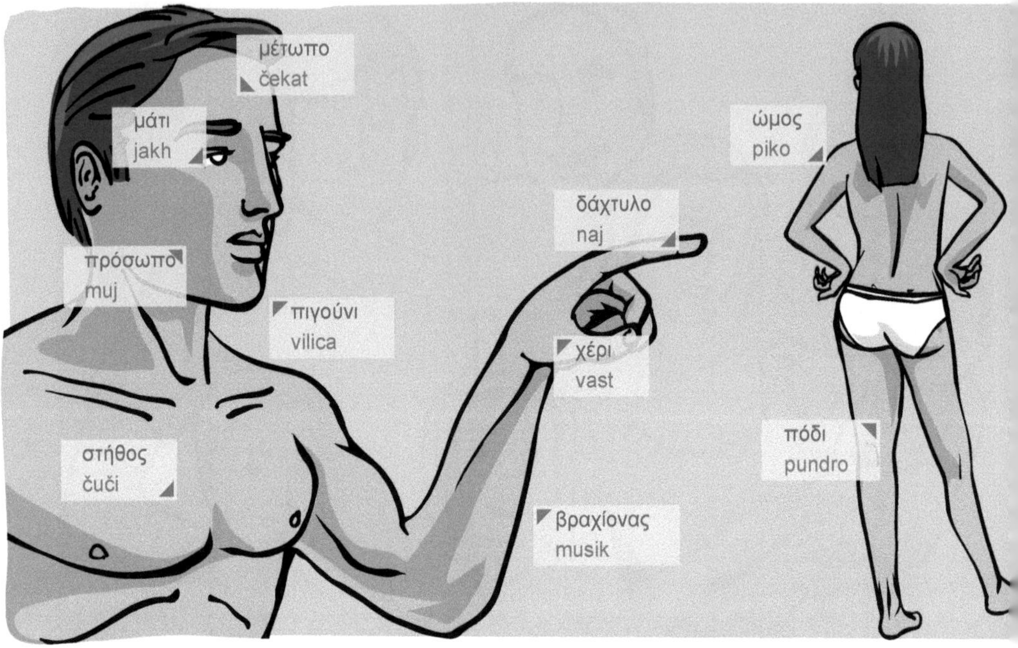

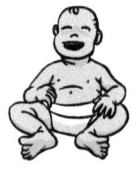

μωρό

bebe

άνδρας

murš

γυναίκα

džuvli

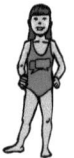

κορίτσι

čhaj

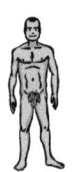

αγόρι

ćhavo

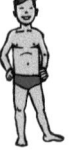

κεφάλι

šero

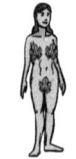

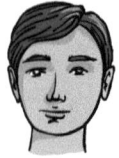

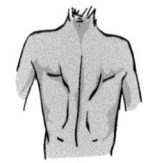	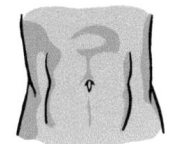	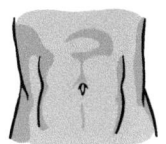
πλάτη	κοιλιά	αφαλός
dumo	maškar	pupko

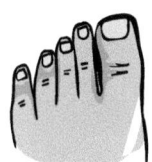	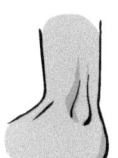	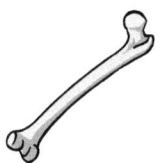
δάχτυλο ποδιού	φτέρνα	κόκκαλο
pundrenge naja	patum	kokalo

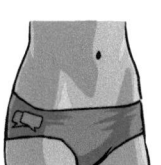	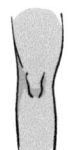	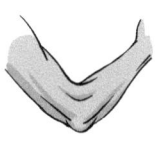
γοφός	γόνατο	αγκώνας
kuko	koč	lahci

		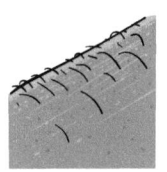
μύτη	γλουτός	δέρμα
nakh	bul	mortik

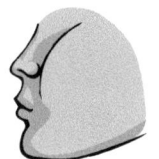	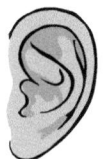	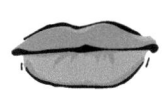
μάγουλο	αυτί	χείλος
čham	kan	voš

στόμα

muj

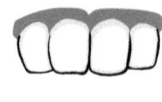

δόντι

danda

γλώσσα

ćhib

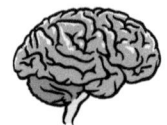

εγκέφαλος

godi

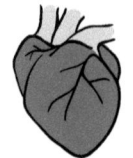

καρδιά

vilo

μυς

muskulo

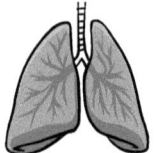

πνεύμονας

kolin

συκώτι

buko

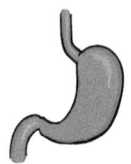

στομάχι

vogi

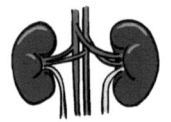

νεφρά

bubrekora

σεξουαλική επαφή

seks

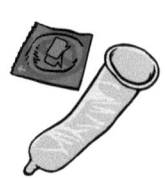

προφυλακτικό

kondomi

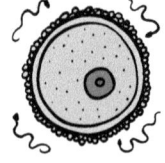

ωάριο

yarengi kletka

σπέρμα

sperma

εγκυμοσύνη

khamnipe

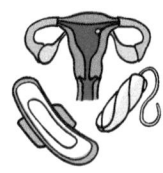

περίοδος

menstruaciya

γυναικείος κόλπος

vagina

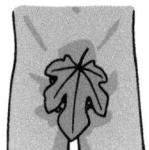

πέος

penis

φρύδι

phov

μαλλιά

bala

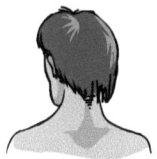

λαιμός

men

νοσοκομείο
hospitalo

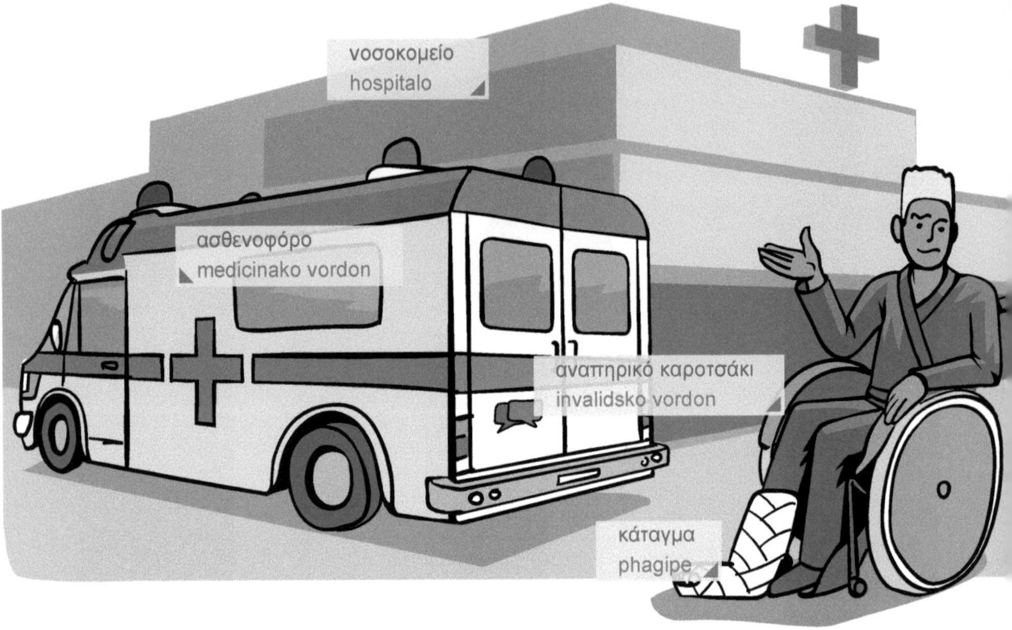

νοσοκομείο
hospitalo
ασθενοφόρο
medicinako vordon
αναπηρικό καροτσάκι
invalidsko vordon
κάταγμα
phagipe

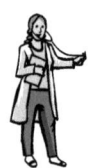

γιατρός

doktoro

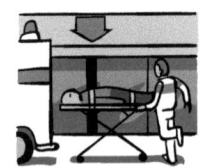

μονάδα εντατικής θεραπείας

sigyarimaski kamara

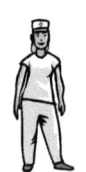

νοσοκόμα

medicinaki phen

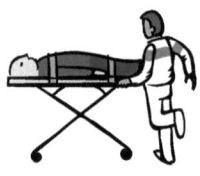

έκτακτη ανάγκη

sigyaripen

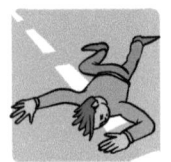

λιπόθυμος

ki koma

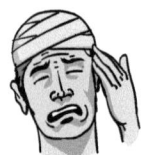

πόνος

dukh

	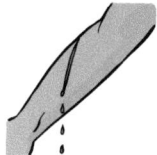	
τραύμα	αιμορραγία	έμφραγμα
dukhavipen	ratvaripe	infrakto

εγκεφαλικό	αλλεργία	βήχας
šlog	alergiya	khuinibe

πυρετός	γρίπη	διάρροια
tinanipe	gripa	diyarea
		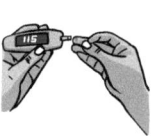
πονοκέφαλος	καρκίνος	διαβήτης
šereski dukh	kanceri	diyabetes

χειρουργός	νυστέρι	εγχείρηση
operaciya	skalperi	operaciya

αξονική τομογραφία
CT

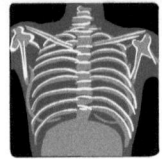

ακτινογραφία
rentgen

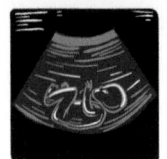

υπέρηχος
ultra avazo

μάσκα
mujeski maska

ασθένεια
nasvalipe

αίθουσα αναμονής
adžukyarimasko than

πατερίτσα
paterica

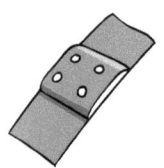

χάνσαπλαστ
flastero

επίδεσμος
phandimaski gaza

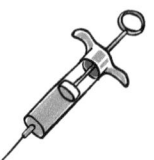

ένεση
inyekciya

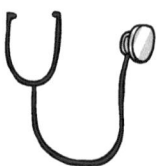

στηθοσκόπιο
stetoskopo

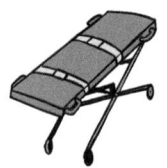

φορείο
tregero

θερμόμετρο
klinicko termometro

γέννηση
biyanipe

υπέρβαρο
baro thulipe

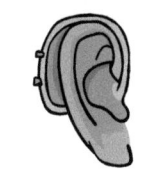

ακουστικό βαρηκοΐας

ašunimasko aparato

αντισηπτικό

dezinfekciako

λοίμωξη

infekciya

ιός

viruso

HIV/AIDS

HIV / SIDA

φάρμακο

medicina

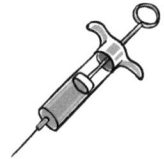

εμβολιασμός

vakcinaciya

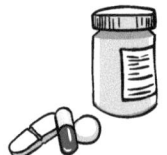

δισκία

tabletura

χάπι

hapi

κλήση έκτακτης ανάγκης

sigyarimasko akharipe

πιεσόμετρο αίματος

monitori vaš učo pretisak

άρρωστος / υγιής

nasvalo / sasto

Βοήθεια!

Mažutisar!

συναγερμός

alarmo

βιαιοπραγία

atako

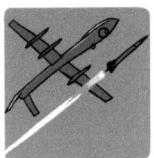

επίθεση

atako

κίνδυνος

dar buti

έξοδος κινδύνου

sigyarimasko iklyovipen

Φωτιά!

Bari jag!

πυροσβεστήρας

mamuj jagako aparati

ατύχημα

bibax

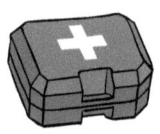

κουτί πρώτων βοηθειών

butya avgo ažutimaske

SOS

SOS

αστυνομία

Policia

Ευρώπη

Evropa

Βόρεια Αμερική

Utarali Amerika

Νότια Αμερική

Purabali Amerika

Αφρική

Afrika

Ασία

Azija

Αυστραλία

Australia

Ατλαντικός Ωκεανός

Atlantiko

Ειρηνικός Ωκεανός

Pacifiko

Ινδικός Ωκεανός

Indiako Okeano

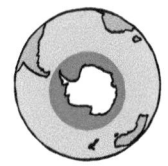

Ανταρκτικός Ωκεανός

Antarktikosko Okeano

Αρκτικός Ωκεανός

Arktikosko Okeano

Βόρειος Πόλος

Utaralo poli

Νότιος Πόλος
Purabalo poli

Ανταρκτική
Antarktiko

Γη
phuv

γη
phuv

θάλασσα
samudra

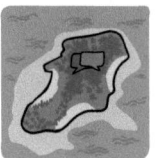

νησί
džaziri

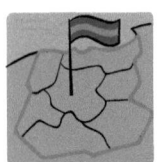

έθνος
nacija

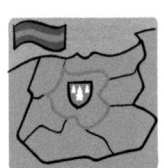

πολιτεία
raštra

καντράν ρολογιού

saatosko gendo

ωροδείκτης

saatoski sikavni

λεπτοδείκτης

dakikongi sikavni

δείκτης δευτερολέπτων

ekundarno saatoski sikavin

Τι ώρα είναι;

Kozom si o saato?

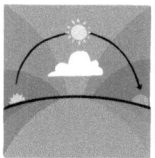

ημέρα

dive

χρόνος

vrama

τώρα

akana

ψηφιακό ρολόι

digitalno saato

λεπτό

dakika

ώρα

časo

εβδομάδα
kurko

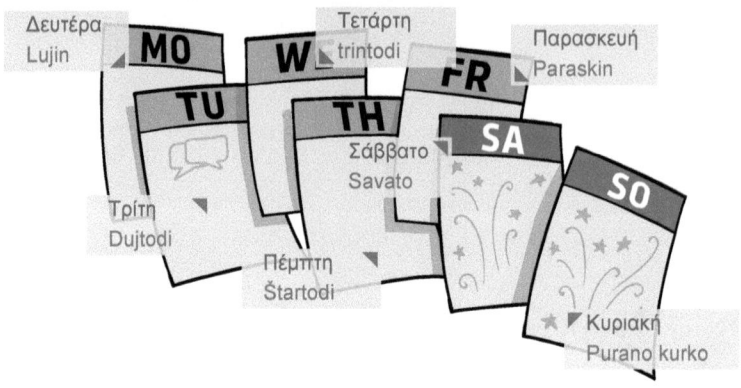

Δευτέρα
Lujin

Τετάρτη
trintodi

Παρασκευή
Paraskin

Τρίτη
Dujtodi

Σάββατο
Savato

Πέμπτη
Štartodi

Κυριακή
Purano kurko

χθες
erati

σήμερα
avdive

αύριο
tajsa

πρωί
javin

μεσημέρι
ekvaš dive

βράδυ
blevel

MO	TU	WE	TH	FR	SA	SU
1	2	3	4	5	6	7
8	9	10	11	12	13	14
15	16	17	18	19	20	21
22	23	24	25	26	27	28
29	30	31	1	2	3	4

εργάσιμες ημέρες
butyarne divesa

MO	TU	WE	TH	FR	SA	SU
1	2	3	4	5	6	7
8	9	10	11	12	13	14
15	16	17	18	19	20	21
22	23	24	25	26	27	28
29	30	31	1	2	3	4

Σαββατοκύριακο
vikend

βροχή
biršim

ουράνιο τόξο
renkali badalin

χιόνι
iv

άνεμος
bavlal

άνοιξη
anglonilaj

φθινόπωρο
palonilaj

καλοκαίρι
nilaj

χειμώνας
ivend

4.APRIL	11°	☀
5.APRIL	4°	🌧
6.APRIL	13°	🌧
7.APRIL	8°	❄
8.APRIL	10°	☀

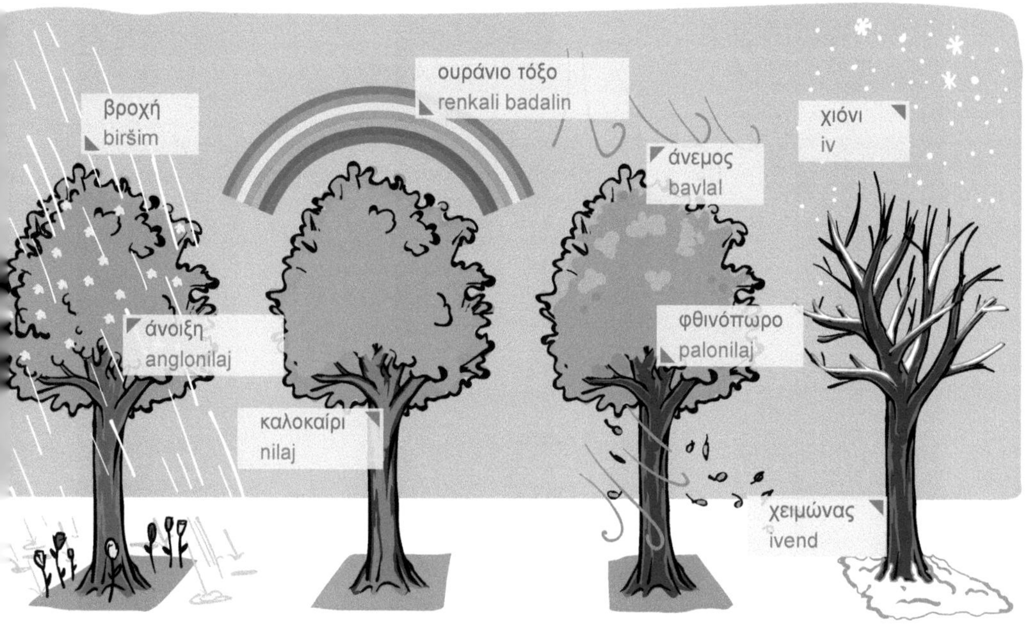

πρόγνωση καιρού

vramakoro vakeribe

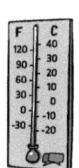

θερμόμετρο

termometro

λιακάδα

khamalo

σύννεφο

badal

ομίχλη

muhi

υγρασία

nemlime hava

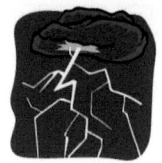

αστραπή

šemšekoja

κεραυνός

šemšekosko čalavibe

καταιγίδα

bura

χαλάζι

kijameti

μουσώνας

monsuni

πλημμύρα

baro pani

πάγος

paho

Ιανουάριος

Januaro

Φεβρουάριος

Februaro

Μάρτιος

Marto

Απρίλιος

Aprilo

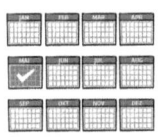

Μάιος

Majo

Ιούνιος

Juno

Ιούλιος

Julo

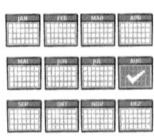

Αύγουστος

Augusto

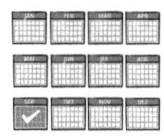

Σεπτέμβριος
....
Septembro

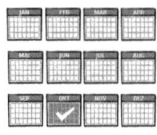

Οκτώβριος
....
Oktombro

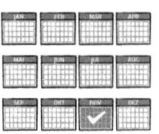

Νοέμβριος
....
Novembro

Δεκέμβριος
....
Dekembro

σχήματα
forme

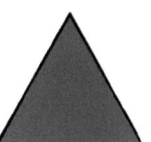

κύκλος
....
rota

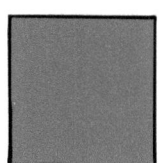

τετράγωνο
....
kvadrati

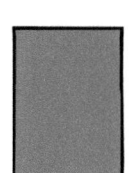

ορθογώνιο
παραλληλόγραμμο
rektanglo

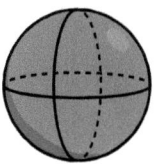

τρίγωνο
....
trianglo

σφαίρα
....
sfera

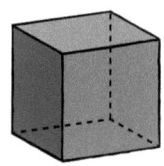

κύβος
....
kocka

άσπρο
parni

κίτρινο
galbeno

πορτοκαλί
pomarandža

ροζ
roze

κόκκινο
loli

μωβ
lila

μπλε
vunato

πράσινο
harjali

καφέ
kafeno

γκρι
kuršumlija

μαύρο
kali

πολύ / λίγο
but / hari

θυμωμένος / ήρεμος
holjame / mudro

όμορφος / άσχημος
šuži / bišuži

αρχή / τέλος
starto / agor

μεγάλος / μικρός
baro / tikno

φωτεινός / σκοτεινός
puterde bojako / phanle bojako

αδελφός / αδελφή
phral / phen

καθαρός / λερωμένος
užo / melalo

πλήρης / ατελής
sahno / bisahno

ημέρα / νύχτα
dive / rat

νεκρός / ζωντανός
mulo / dživdo

φαρδύς / στενός
buvlo / tank

βρώσιμος / μη βρώσιμος

hala pe / na hala pe

κακός / ευγενικός

džungalo / šukar

ενθουσιασμένος / βαριεστημένος

bare vogjea / bi vogjea

παχύς / λεπτός

thulo / kišlo

πρώτος / τελευταίος

avgo / paluno

φίλος / εχθρός

amal / dušmani

γεμάτος / άδειος

pherdo / čučo

σκληρός / μαλακός

zoralo / kovlo

βαρύς / ελαφρύς

pharo / lokho

πείνα / δίψα

bokh / truš

άρρωστος / υγιής

nasvalo / sasto

παράνομος / νόμιμος

ilegalno / legalno

έξυπνος / χαζός

godyaver / bigodyako

αριστερός / δεξιός

bajan / dahin

κοντινός / μακρινός

paše / dur

αντίθετα - mamujipena

καινούριος /
μεταχειρισμένος
nevo / purano

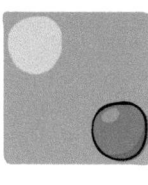

τίποτα / κάτι
khanči / vareso

γέρος | νέος
phuro / terno

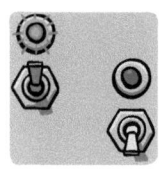

αναμμένος / σβηστός
phabardo / ačhavdo

ανοιχτός / κλειστός
puterdo / phanlo

χαμηλόφωνος /
μεγαλόφωνος
mudro / bare avazeskoro

πλούσιος / φτωχός
barvalo / čorolo

σωστός / λανθασμένος
čačutno / došalo

τραχύς / λείος
zoralo / kovlo

λυπημένος / χαρούμενος
mazuni / lošalo

κοντός / μακρύς
skurto / lungo

αργός / γρήγορος
pohari / sigate

υγρός / στεγνός
sapano / šuko

ζεστός / δροσερός
tato / šudro

πόλεμος / ειρήνη
mareba / sansari

0	**1**	**2**
μηδέν	ένα	δύο
zero	jek	duj

3	**4**	**5**
τρία	τέσσερα	πέντε
trin	štar	panč

6	**7**	**8**
έξι	εφτά	οκτώ
šov	efta	ohto

9	**10**	**11**
εννιά	δέκα	έντεκα
enja	deš	dešujek

12

δώδεκα

dešuduj

13

δεκατρία

dešutrin

14

δεκατέσσερα

dešuštar

15

δεκαπέντε

dešupanč

16

δεκαέξι

dešušov

17

δεκαεφτά

dešefta

18

δεκαοκτώ

dešohto

19

δεκαεννέα

dešenja

20

είκοσι

biš

100

εκατό

šel

1.000

χίλια

milja

1.000.000

εκατομμύριο

milioni

Αγγλικά

Anglicko

Αμερικάνικα Αγγλικά

Americko Anglicko

Μανδαρίνικα Κινέζικα

Kinesko Mandarinsko

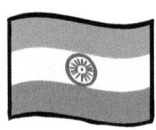

Χίντι

Indisko

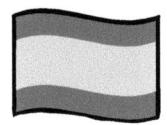

Ισπανικά

Špansko

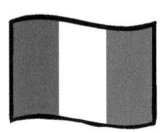

Γαλλικά

Francusko

Αραβικά

Arapsko

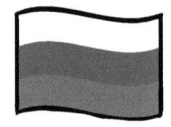

Ρώσικα

Rusko

Πορτογαλικά

Portugalsko

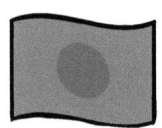

Μπενγκάλι

Bengalsko

Γερμανικά

Nemicko

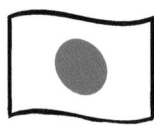

Ιαπωνικά

Japansko

εγώ

thaj

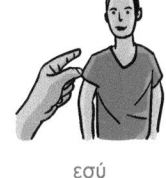

εσύ

tu

αυτός / αυτή / αυτό

ov / oj

εμείς

amen

εσείς

tumen

αυτοί / αυτές / αυτά

ola

ποιος / ποια / ποιο;

ko?

τι;

so?

πώς;

sar?

πού;

kote?

πότε;

kana?

όνομα

anav

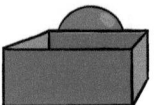

πίσω
palal

μέσα
andre

μπροστά
anglal o

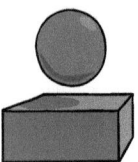

πάνω από
upral

πάνω
an

κάτω
telal

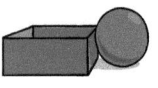

δίπλα
trujal

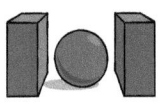

ανάμεσα
maškaral

μέρος
than